“养老之路”系列丛书／第一辑　共建家园

乡村养老

——世界养老项目建设解析

周博　王维　郑文霞　编著

江苏凤凰科学技术出版社

图书在版编目（CIP）数据

乡村养老 ： 世界养老项目建设解析 / 周博， 王维，
郑文霞编著 . -- 南京 ： 江苏凤凰科学技术出版社，
2016.9
（“养老之路”系列丛书 . 第一辑， 共建家园）
ISBN 978-7-5537-7152-6

Ⅰ . ①乡… Ⅱ . ①周… ②王… ③郑… Ⅲ . ①乡村一
养老一研究一世界 Ⅳ . ① F313

中国版本图书馆 CIP 数据核字（2016）第 212815 号

“养老之路”系列丛书 / 第一辑 共建家园
乡村养老——世界养老项目建设解析

编　　著　周　博　王　维　郑文霞
项目策划　凤凰空间/郑亚男　于洋洋
责任编辑　刘屹立
特约编辑　于洋洋　张　群

出版发行　江苏凤凰科学技术出版社
出版社地址　南京市湖南路1号A楼　邮编：210009
出版社网址　http://www.pspress.cn
总　经　销　天津凤凰空间文化传媒有限公司
总经销网址　http://www.ifengspace.cn
印　　刷　天津市豪迈印务有限公司

开　　本　710 mm×1000 mm　1/16
印　　张　21
字　　数　152 000
版　　次　2016年10月第1版
印　　次　2023年3月第3次印刷

标准书号　ISBN 978-7-5537-7152-6
定　　价　158.00元

出版说明

凤凰出版传媒股份有限公司 / 凤凰空间计划出版“养老之路”系列丛书。

“养老之路”系列丛书计划推出四辑，分别为“共建家园”“空间关怀”“服务配套”“寻找经验”。第一辑“共建家园”包含 3 册：《回归社区——世界养老项目建设解析》《特色养老——世界养老项目建设解析》《乡村养老——世界养老项目建设解析》。

其中，《回归社区——世界养老项目建设解析》集合了以居家养老为中心的适老化住宅养老项目，《特色养老——世界养老项目建设解析》集合了医养结合、注重身心提升各具特色的新型养老项目，《乡村养老 ——世界养老项目建设解析》集合了国外先进乡村田园主题养老项目。

此 3 册书将国内外 50 余个先进养老项目进行翻译整理、分类梳理、模式分析、图文解析，为养老项目建设提供翔实、丰富、前沿的参考。

目录

1 新常态下的世界养老现状

21 世纪是人口老龄化的时代。依据 2000 年第五次全国人口普查数据，60 岁以上人口达 1.3 亿人，占总人口的 10.2 %，这一比例按老龄化国际标准衡量，中国已进入老龄化社会。最近 10 余年，中国的老年人口不断增加，老龄化进程不断加速。截至 2014 年年底，中国 60 岁及以上老年人口数量达到 2.12 亿，占总人口的 15.5 %（图 1-1、表 1-1）。据预测，2050 年，老年人口数量约 4.34 亿，约为少儿人口数量的 2 倍，老年人比重将占总人口的 33.6 %，这意味着每三个人中就有一位老人。

中国作为世界上老年人口最多、增速较快的国家，随着老龄化进程加速，高龄老人和失能老人大幅增加，养老事业面对的压力和挑战与日俱增，传统的养老模式愈来愈难以适应经济发展的需要。

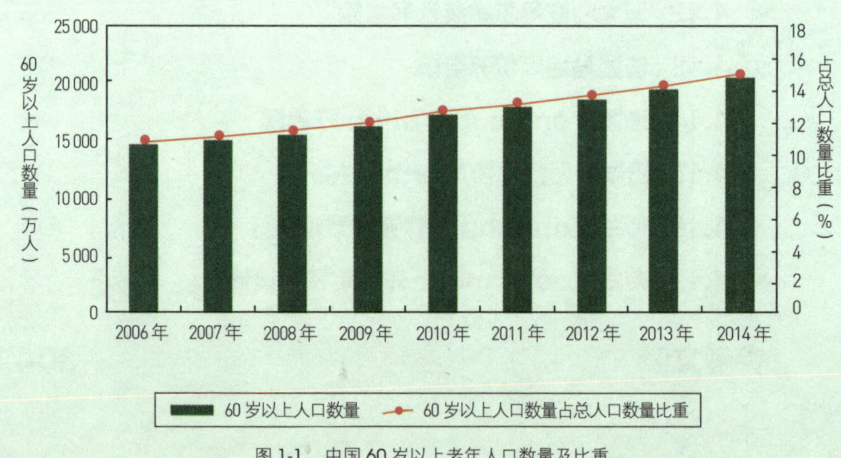

图 1-1　中国 60 岁以上老年人口数量及比重

表 1-1　中国 60 岁以上老年人口数量及比重

年份	2007 年	2008 年	2009 年	2010 年	2011 年	2012 年	2013 年	2014 年
数量（万人）	15 340	15 989	16 714	17 765	18 499	19 390	20 243	21 242
占总人口数量比重（%）	11.6	12	12.5	13.26	13.7	14.3	14.9	15.5

注：本表数据来源为中华人民共和国民政部发布的《2014 年社会服务发展统计公报》。

1.1 中国的养老政策和养老建筑类型

随着国家相关法律法规的颁布实施，国家大力推动社会力量兴办养老服务产业，彻底改变了以国营养老院为主的格局。《中华人民共和国老年人权益保障法》第五十一条规定：“国家采取措施，发展老龄产业，将老龄产业列入国家扶持行业目录。扶持和引导企业开发、生产、经营适应老年人需要的用品和提供相关的服务。”从 2000 年至今，国务院、民政部、建设部等也都相继推出有关支持社会力量发展养老事业的相关政策，明确指出加快推进以改善民生为重点的社会建设，让老年人“老有所养”。

根据“未富先老”、快速老龄化的基本国情，以及中国传统居住文化的特点，中国现行的养老居住政策确立了以家庭养老为基础，以社区养老为依托，以机构养老为补充的基本养老方针，即“9073”，意为 90％的老年人在社会化服务协助下通过家庭照顾养老，7％的老年人通过购买社区照顾服务养老，3％的老年人入住养老服务机构集中养老。

由此可知，中国的养老模式尚处于探索起步阶段，养老体系仍在不断完善中。“未富先老”的基本国情、传统居住文化的特点，以及养老相关方针政策法规等各项因素导致目前的养老建筑功能类型单一，不能很好地满足各个层次的老年人的需求。综合分析，养老建筑整体可分为以下 3 种类型：居家养老、社区养老、机构养老（图 1-2）。

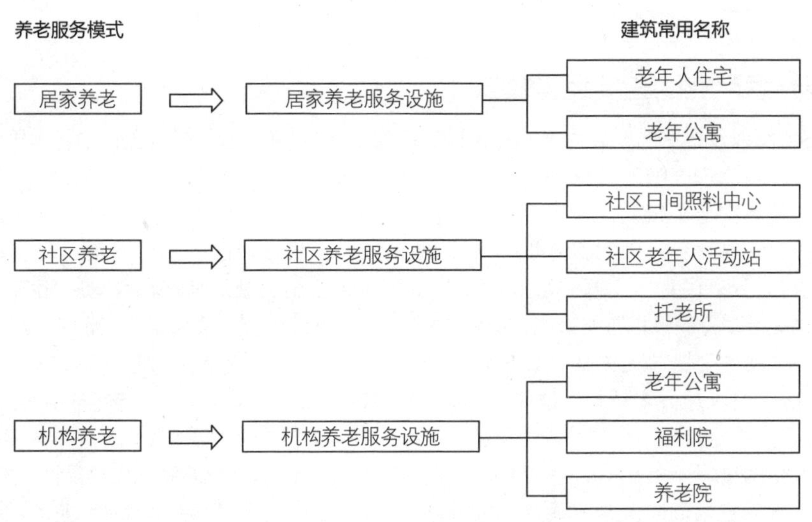

图 1-2　中国养老建筑主要类型

1.1.1 居家养老服务模式

居家养老是指以老年人自己的住宅为生活中心，有时候也会以“老年公寓”命名。对身体较好、生活能自理的老年人，依据需求随时提供生活照料、家政服务、护理保健、谈话陪伴等上门服务；对生活不能自理的老年人在提供上门服务的同时，注重提高老人的生活自理能力和质量。

1.1.2 社区养老服务模式

社区养老服务是居家养老服务的重要支撑，主要的建筑类型有社区日间照料中心、社区老年人服务站和托老所。主要为居家老人提供适合老年人活动的社区活动空间，满足居家养老所不能满足的区域服务功能。

1.1.3 机构养老服务模式

机构养老服务以设施建设为重点（图1-3），主要类型有养老院、福利院、老年公寓等建筑，实现生活照料、康复护理、紧急救援等服务功能。

图 1-3　河北香河大爱书院养老中心

1.2 中国养老产业的主要运营模式

国内各部门以及民间的社会力量都在积极探索多层次、多成分的养老服务体系，构建顺应时代发展的养老敬老新模式。目前，按照出资主体和承办主体性质分，中国养老机构主要有“公办公有”、“公办民有”、“民办公有”和“民办民有”这 4 种形式，积极推进与大力构建以“民办公有”和“民办公助”为主体，以市场化养老为补充的多元化机构养老体系的理论。

由于国家政策扶持与市场的需求，社会力量介入养老事业的情况不断出现，社会化养老的各种崭新模式也应运而生。从本质而言，养老机构社会化不仅是一种模式，更多的是一种公共管理方式，是政府的战略变革。

在国家提出养老社会化的基本思路基础上，各地方政府都积极行动，大力推动和积极发展各种社会化养老模式。根据养老方式和盈利方式两个维度，国内的养老项目运营模式可归纳为床位出租型、房产出售型、租售组合型和金融保险组合型等多种类型（图 1-4）。

其中床位出租型是最常见的类型，房产出售型和租售组合型是近年来养老地产中常见的类型，比较早期的有北京太阳城、北京东方太阳城（图 1-5）等；金融、保险组合型的代表企业是泰康之家养老社区，会员制形式做的较大的企业是上海亲和源等。

从目前国内的养老项目来看，定位高收入客群的项目、主要服务于高龄和生活不能自理者的康复医疗项目，盈利相对较好。周边交通便利、人气旺盛、公用设施完善、环境优美、床位较多、投资较多、配套完善的项目，盈利也相对较好。同时，上述几类养老项目能提供完善、持续的养老服务。但整体而言，因养老机构具有一定的公益性质，能够盈利的较少。

中国养老项目的主要运营模式

- 床位出租型
  1. 以床位出租方式盈利的经营模式
  2. 出资主体有公办、民办、公办民营、公助民办等多种
  3. 公办养老机构收费较低、补贴多，供不应求，但管理机制不灵活、经济效益低
  4. 民办养老机构运营管理比较灵活，服务能够适应一定的要求，但盈利微薄
- 房产出售型
  1. 以面向市场出售养老住宅产品为主，注重社区环境的打造和养老配套设施的完善
  2. 多层住宅、独栋别墅、联排别墅、四合院等形式多样，以满足不同客群需求
  3. 具有资金回收快、经营风险小的优点，满足老年人注重投资收益的心理
  4. 有时存在后续配套服务不足、管理不完善、持续性不足等问题
- 租售组合型
  1. 养老公寓及配套设施床位的出租与养老住宅销售相结合的运营方式
  2. 实现土地效益和养老产业均衡发展，解决了经营资金和养老持续性不足的问题
  3. 用地性质可以是居住、医疗、商业、公建等多种用地性质搭配，开发比较灵活
- 金融、保险组合型
  1. 主要有以房养老、押金或养老金返还和绑定养老保险等 3 种方式
  2. 目的是运用金融组合手段，促进养老社区产品的租售，为企业发展融资
  3. 处于尝试阶段
- 会员制
  1. 打造医疗保健社区，实行会员制管理模式
  2. 通过会员费 + 管理费获得长期稳定收益，同时依托休闲配套提供养生度假体验
  3. 缺点是经营资金大、回收期长，且收费高昂，难以达到高入住率
- 其他
  与医疗机构结合、与教育设施结合、与风景旅游相关产业结合，与幼儿园并建，青老共居等模式层出不穷，百花齐放

图 1-4　中国养老项目的主要运营模式

图 1-5　北京东方太阳城

1.3 国外的养老项目建设及运营模式

与中国基本国情相比较，发达国家发展养老产业是建立在“先富后老”的基础之上的（图1－6）。其中法国是发达国家中最早进入老龄化社会的国家，瑞典等欧美发达国家也相继成为老龄化国家 。这些国家因为发达的生产力，在养老保障方面都非常注重社会的养老功能，同时，在良好的政策支持下和健全完善的社会保障体系中，老年人有足够的经济实力做到独立生活，而不依赖其家庭成员的帮助。在老年人居住环境、配套设施以及服务体系等方面，依据老年人的生理特征，采用了不同层次和不同类别的设计，并且特别注重老年人的心理感受。

亚洲国家中，日本和新加坡是较早经历人口老龄化的国家。它们一方面汲取了西方国家养老项目建设的特点；另一方面，受到传统东方家庭观念的影响，同时致力于开发家庭养老的功能，如鼓励“多代同居”和适老化住宅的改造（图 1-7）。

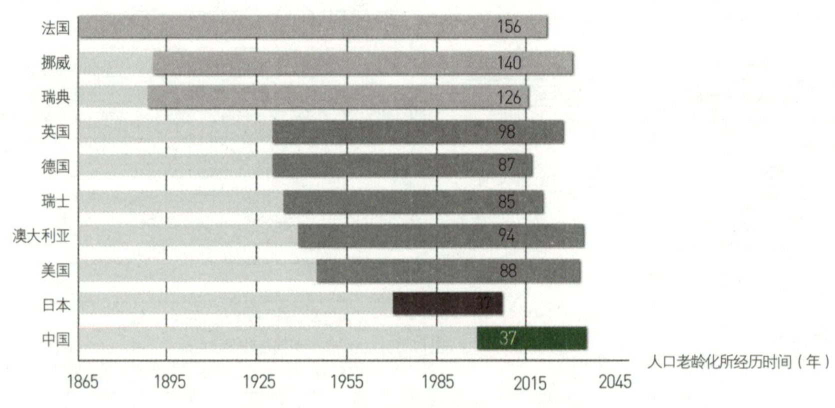

图 1-6　部分国家人口老龄化进程比较

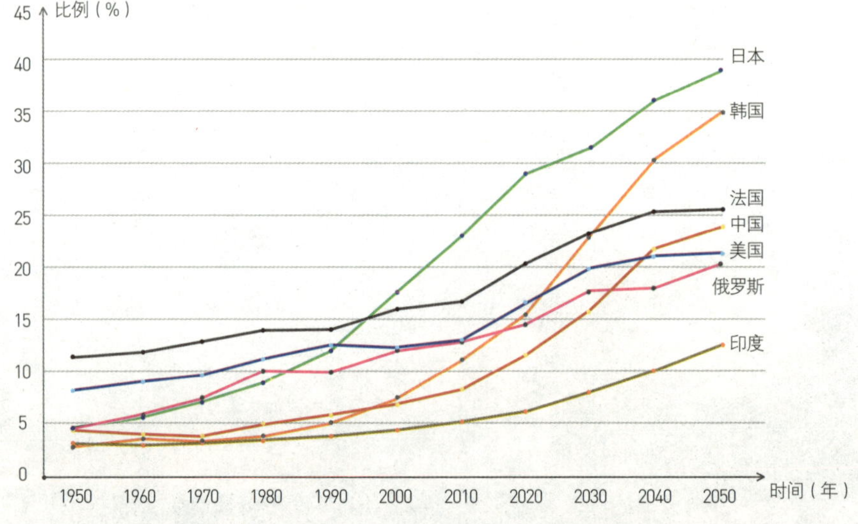

图 1-7　世界各国 65 岁以上人口比例的推移

注：本图依据 2010 年联合国人口统计数据制成。

1.3.1 美国

美国于 20 世纪 60 年代初期进入老龄化社会。1970 年，美国 60 岁以上的老龄人口已经超过全国总人口的 14 %。美国老年人喜欢独自居住，因此老年住宅的需求逐渐产生。70 年代，美国的养老建筑市场处于快速发展阶段；80 年代，整体市场模式开始进入成熟期。

目前，美国具有设施完善的老年住宅体系。从建筑类型的角度分为两大类：养老村和养老院。养老村和养老院这两种不同类型的养老产品在美国发展都很成熟，许多专做养老产业的大集团公司两者兼而有之：一方面在全国各地开发租售型的养老村，另一方面也经营着多家甚至几十家的连锁型养老院。

老年住宅从功能上可以分为以下 6 种类型：独立式老年住宅(Independent Living，也可称之为活力成人社区)(图 1-8)、老年公寓(Senior Living Community)、持续照料型退休社区(CCRC，也可直接称之为老年社区)、介护型老年设施(Assisted Living)、老年痴呆特殊照料社区(Alzheimer's Care)、医疗护理型老年设施(Health Center)。大体上可以认为，前 3 种类型中有一部分属于养老村的范畴，后 3 种则都属于养老院的范畴。

以第一种独立式老年住宅功能类型为例，这种类型为有自理能力的老年人提供，一般有普通型和专用型两种。普通型只提供基本的住宅需求，因此收费相对较低。专用型则不仅提供基本住宿需求，还安排有专业服务人员为老年人提供除医疗及护理以外的生活服务，并且还配置有便捷的社交娱乐场所、食堂等公共设施，相应的安保设施也设置到位。

1.3.2 日本

日本是世界上人均寿命最长、老龄化速度最快的国家，养老设施的建设与研究已经积累了很多经验，且日本在传统家庭观念方面和中国有很多相似之处，所以其养老项目的经验对我们有很高的借鉴价值。

日本政府在 1961 年建立了国民年金制度，同时《老人福祉法》《介护保险法》也相继颁布并不断完善，使得日本的老年人在养老方面再没有经济负担。日本政府利用完善的养老机构体系提供的服

图 1-8　独立式老年住宅美国 Air Force Villages 养老社区

务，分别针对健康程度不同、经济条件不同、养老观念不同的人群提供相对应的特别养护养老院、普通养护养老院、经济型养老院、付费养老院、护理住宅、日间照料中心、小规模老人之家（图 1-9）、老年痴呆症老人之家等多种形式。另外，日本老年人还可以依靠介护保险的支援进行适老化住宅的改建，满足居家养老的那部分老年人的需求。

1.3.3 北欧

芬兰是在欧盟范围内人口老龄化速度最快的国家。2011 年，芬兰 65 岁以上人口占总人口的比例已增至 18.14％。芬兰有着完善的社会福利保障制度，根据 90% 以上的老人喜欢在自己家中安度晚年的特点，芬兰政府探索并逐渐确立了一种适合老人居家养老的模式，将重点放在为老人提供形式多样的家政服务和保健服务上。为了保障老人在家中居住和生活的安全，实行按区划分福利服务区域制度，每个区设置一个社区福利中心（图 1-10），每个社区内设置社会服务部为老人提供家庭服务，费用由养老保障制度来负担。

丹麦的养老金保障体系有着悠久的历史，发展完善，维护了高社会福利保障体系的稳定。丹麦政府也注重居家养老，《老年人及丧失劳动能力者住房法案》规定了老年人住宅的建设配置标准，保障老年人良好的生活条件。同样，完善的社区养老服务进一步全方位保障了老年人生活的连续性、便捷性和安全性。

瑞典也是福利国家型社会保障制度的代表，社会保障制度的核心内容是社会保险制度，其养老保险制度又是社会保险制度的重要组成部分。瑞典目前主要实行 3 种养老形式：居家养老、老年公寓养老和养老院养老。养老院的服务对象主要是基本失去生活自理能力的孤寡老人和患有痴呆等严重疾病的老人；由政府建造的老年公寓是按老年人的特点设计的，并有专人提供 24 小时的服务；同时也大力推行居家养老的形式，争取让老年人在退休后尽可能长时间地在自己家里安度晚年，这主要是因为居家养老比较人性化、个性化，更能给人以安全感。据 Natixis 全球资产管理集团发布的全球养老指数数据，挪威、瑞典、丹麦 3 个北欧国家适老化指数位列前茅，北欧地区成为最适合养老的地方。

图 1-9　小规模老人之家日本 Urara 江南养老院

图 1-10　芬兰普其拉奥尼福利中心

1.4 小结

面对全世界老龄化进程的飞速发展，世界各国都在持续关注养老产业的发展，不同国家针对自己的国情和文化习惯采取着不同的应对策略。中国作为一个人口大国，在养老事业发展的初级阶段也正在不断地摸索。经历了郊区大规模新建养老社区的开发模式之后，养老项目的发展正在渐渐回归到老年人原有的生活场所：适老化住宅、老年公寓、社区老年人活动站的兴建，促进了以居家养老为中心的发展；同时，随着市场和政策的开放，医养结合文化养老、异地养老等各种各样的养老项目也百花齐放。此外，生活在乡村的老年人的生活环境也在不断完善，乡村养老住宅和公共养老设施的环境正在不断改善。本书不仅收集了国内外优秀的案例，针对项目建设特点进行点评，同时还从投资者、经营者的角度介绍了他们各自的运营和管理特点。所以，本书不仅可以成为参与养老项目的设计人员的参考书，也为各类养老机构的投资者、经营者以及养老服务体系中的服务人员等相关人士在管理和运营方面提供有价值的依据。

中国的养老产业刚刚起步，还有很长的路要走。我们在本书的编写过程中体会到，一个好的设计理念和好的养老运营管理模式互相结合，才是养老项目能够持久发展的关键。

2
乡村养老概述

中国是农业大国，根据2012年统计，乡村人口约占全国人口的70%，乡村老年人口占到全国老人总数的75%，约1.25亿。据估算，中国乡村60岁以上的老龄人口正以每年85万人的速度增长，然而，乡村老年人居住环境的建设却十分缓慢。城乡之间无论在整体生活水平还是精神文化条件方面均存在较大差异，在乡村整体水平落后于城市的情况下，乡村养老问题更不容忽视。值得注意的是，随着城市化的发展，越来越多的城市人渴望返璞归真的乡村生活，乡村休闲养老逐渐兴起。

2.1 乡村养老的现状

2.1.1 乡村养老的特征

中国乡村老年人进入养老生活状态大多比城市老年人晚，同时由于乡村居民的住房、食物完全可以自给自足，乡村老年人的养老成本相对较低。乡村养老的需求也存在地域差异，由于中国各乡村地区经济发展情况差异较大，乡村养老应因地制宜，根据不同的养老保障需求分层次、分阶段地推行。

2.1.2 乡村现有养老模式

（1）家庭养老

这是当前中国乡村最普遍的养老方式（图2-1）。在儒家“孝”文化的熏陶下，赡养老人的观念在每个人心中根深蒂固，它所具有的优越性是任何其他养老方式都无法比拟和替代的。在现有经济水平及传统文化模式下，家庭养老仍然是中国乡村的主流养老方式。

（2）福利院养老

福利院养老是将村内有需求的老人集中在福利院内进行赡养的制度。这种模式以村委会为载体，全体村民共同参与，与其他养老模式对接，让老年人实现互助，使老人能在熟悉的环境得到必要的救助和照料。

（3）乡村社区养老

中国不同地域乡村的社会经济发展水平存在极大差距，因此，在设计乡村社区养老服务体系的时候，根据城镇化的深入程度，将乡村地区划分为完全城镇化的乡村、城市郊区的乡村、一般乡村和边远地区的乡村。这样可以因地制宜、循序渐进地推进乡村社区养老服务的发展。

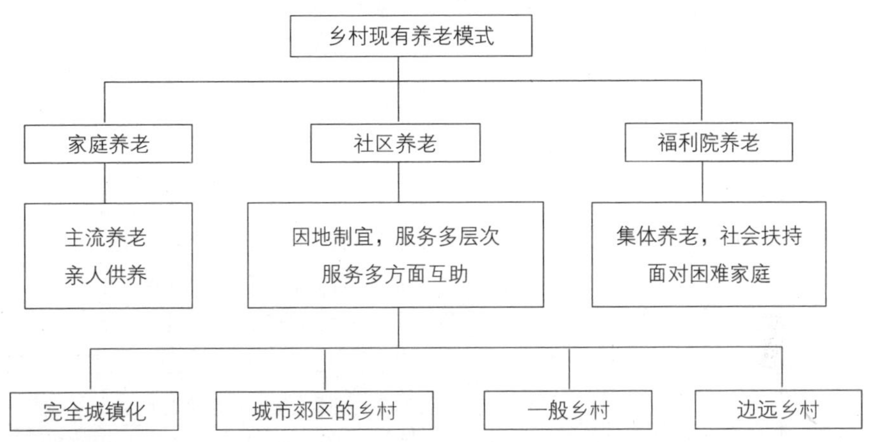

图 2-1　中国乡村现有养老模式

2.2 村落的适老化改建

中国大部分乡村地区的城镇化进程比较缓慢，这些地域人民群众的基本物质需要还没有得到充分满足，因此，乡村地区一般通过改建来解决在家养老的问题。住宅内部的改造应根据居住者的生活习惯、行为特点，结合住宅无障碍设计方法、经验，对乡村入户门厅、炊事和就餐、就寝空间、卫生间进行相应设计（图 2-2）；村庄整体的改造则是通过对传统公建和道路的改建与更新（图 2-3），满足老年人的安全与使用需求。

2.3 乡村田园养老

乡村田园养老的运作形式大致分为两种：一种是由农户直接与老年游客达成协议，向城市老人出租宅基地，并提供养老服务；另一种由企业与村委会签订整体合作协议，企业自筹资金对整个村庄进行重新规划建设，然后将房屋租给希望到乡村休闲养老的都市老人。

乡村田园养老的类型根据使用者养老的居所可以分农家乐养老、度假住宅养老两种类型。农家乐养老是由农民自发建设形成的，在农民家中，开放的交往娱乐空间促使老人之间形成一种大家庭的氛围。度假别墅则是由企业整体规划而成，强调私密的生活空间，邻里交往空间较差，住在度假住宅的老人来此大多是为享受当地的自然环境。

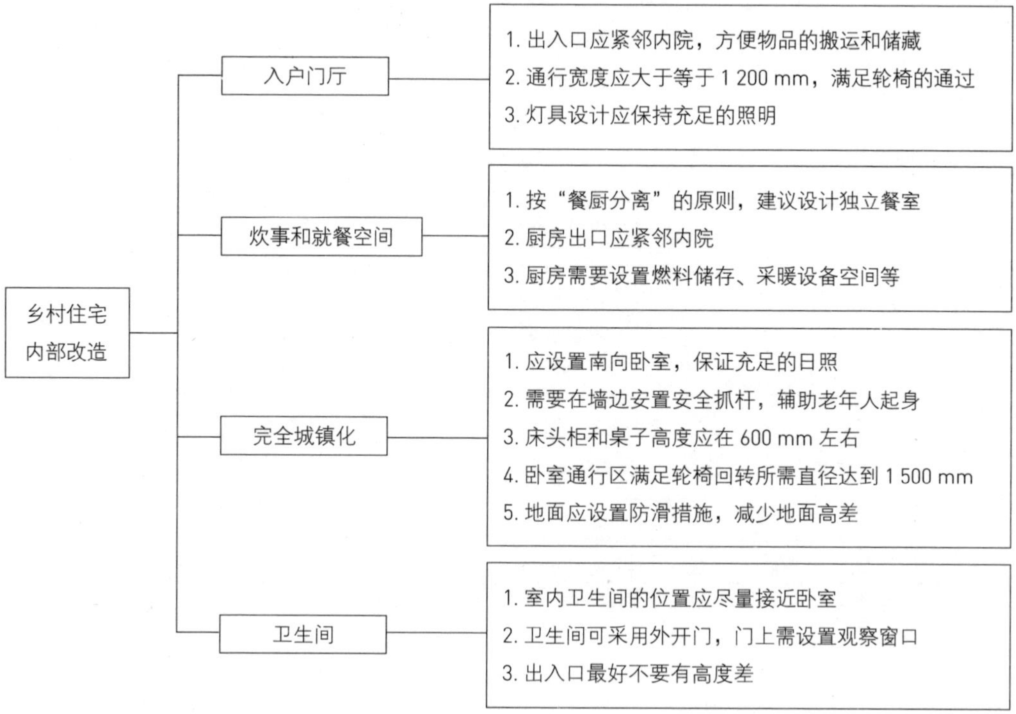

乡村住宅内部改造
入户门厅
1. 出入口应紧邻内院，方便物品的搬运和储藏
2. 通行宽度应大于等于 1 200 mm，满足轮椅的通过
3. 灯具设计应保持充足的照明
炊事和就餐空间
1. 按“餐厨分离”的原则，建议设计独立餐室
2. 厨房出口应紧邻内院
3. 厨房需要设置燃料储存、采暖设备空间等
完全城镇化
1. 应设置南向卧室，保证充足的日照
2. 需要在墙边安置安全抓杆，辅助老年人起身
3. 床头柜和桌子高度应在 600 mm 左右
4. 卧室通行区满足轮椅回转所需直径达到 1 500 mm
5. 地面应设置防滑措施，减少地面高差
卫生间
1. 室内卫生间的位置应尽量接近卧室
2. 卫生间可采用外开门，门上需设置观察窗口
3. 出入口最好不要有高度差

图 2-2　中国乡村住宅内部改造方法

村庄改造更新
传统公建的改造
区位
公建宜布置在靠近村庄中心位置
规模
依据人口规模确定公共服务设施的具体项目和建设标准
无障碍设计
出入口造型应设计得鲜明醒目，方便老年人辨别；走道与房间之间不宜设置门槛，地面不宜有高差；平台、踏步和坡道应采用坚固、耐磨、防滑的材料
基础设施的更新
休息空间设置
老年人的步行疲劳极限为 10 min，步行距离大约 450 m；在步行道中为老年人增设休息空间；休息空间可以结合绿化布置
道路路面
必经道路要求安全、平缓、防滑；防止老年人迷路，应在道路转折或终点处设置标志物，增强环境可识别性

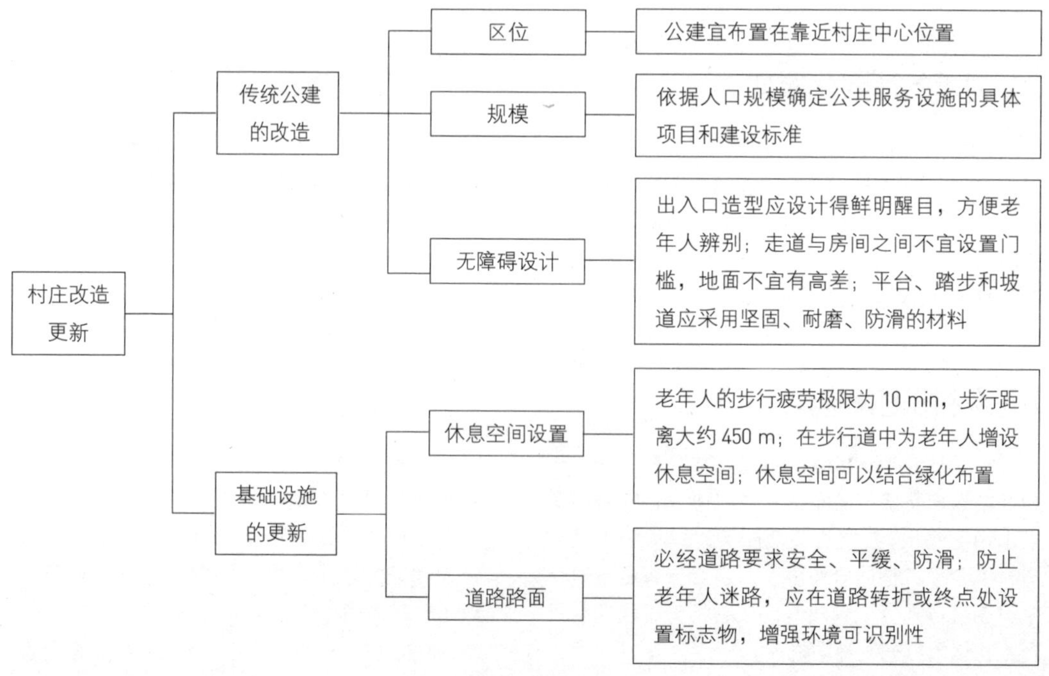

图 2-3　中国村庄改造及基础设施更新基本原则

3 养老院景观环境设计

当前，养老项目设计比较注重室内的细节设计和空间的无障碍设计，常常忽略户外环境中的景观系统设计。但是，在针对老年人对养老院各种要素的认知度研究中发现，养老院的景观效果在老年人心中也是很重要的。规划并设计良好的户外景观系统，不但可以吸引老年人进行更多的户外活动，而且可以提升养老项目的经济价值。

3.1 景观系统设计原则

养老项目的户外环境对老年人疗养有着极其重要的作用。良好的室外景观可以吸引老年人外出活动，有助于老年人身体的康复，因此在进行养老项目的设计时，首先应该是创造美观、安全、舒适、能激发老年人积极向上的心理状态的空间环境（图 3-1）。户外景观设计应注意以下几个方面：

3.1.1 整体性

在做景观规划时，要从整体上宏观把握，保持其完整性。这种完整不仅是指在形式上连续而完整的，而且在功能上也是整体的、连续的、完整的。

3.1.2 安全、便捷性

在进行景观系统设计时，要基于老年人的心理和生理特征，将可预估到的危险因素降到最低。首先，在设计时，应该注意人车分流，明确不同功能区的不同流线，这样不仅保证老年人的安全，还能提高医护人员的工作效率，节约人们移动所需的时间。其次，配套设施方面，要尽量达到无障碍设计要求，提高安全性级别。

3.1.3 可识别性

老年人随着年龄的增大，很多身体机能如视力和记忆力等都在不断下降，因此，景观设计中的可识别性十分重要，不仅要做到可识别，还要对老人的行走路线有一定的引导作用，在设计上，应当提供视觉、听觉、触觉、嗅觉上的刺激，以方便老人认知方向，避免老人迷路。

3.1.4 舒适性

对于养老建筑这个特殊的环境，首先应该重

图 3-1 荷兰 Zoetermeer 养老院景观设计

视室外的无障碍设计能够为老年人提供便捷的室外活动空间。还应考虑使用人群也就是老年人相应的心理需求,从这些心理需求出发,营造温馨、舒适和安逸的室外景观环境，进而增加老年人自发性的室外活动与交往。

3.1.5 美观性

户外景观环境要在创造适合老年人活动空间的同时,兼顾观赏性。通过各个要素之间的各种搭配,营造出不同氛围的室外景观。

3.1.6 地域性

“千篇一律”的养老院的建设会降低老年人的归属感。适当的地域性设计将空间和环境相互协调,达到场地高效率使用，同时给老年人一种回家般的感觉,可提升老年人对养老设施的认同感。

3.2 景观系统常用布局

养老项目室外空间的景观布局不仅要考虑本身布局的特点，还要结合养老项目的主要建筑功能考虑周围景观空间的功能定位，根据项目基地规模的大小，建筑的分布与主次入口的设定，规划具体的景观布局方式，相关学者提出大致三种常见的布局方式：放射性布局、疏密结合型布局和环绕型布局。

3.2.1 放射性布局

放射性布局以主体建筑为中心，各个景观节点围绕主体建筑向外辐射。这种布局方便人们到达任何功能空间，但是空间形式不灵活，造型单一。如北京太阳城，它的建筑模式是以独栋别墅和四合院为主，景观布局方式以围绕主体建筑向周围辐射。

3.2.2 疏密结合型布局

疏密结合型布局的场地受建筑的影响被分隔成若干块。这种形式的景观节点布局灵活，景观类型划分明确且多，但这种景观布局形式比较适合于大规模基地，因为如果小规模基地使用这种方式，场地易分散，整体性弱，而且没有较大的综合性场地来组织集体活动。

3.2.3 环绕型布局

环绕型布局的特点是周围建筑相互围合形成庭院空间，各个景观空间被包围在建筑间。这种布局方式促进居住在建筑内的老年人之间的交流，但是由于景观空间的集中，造成功能空间较单一且没有相对私密的空间，适合于小规模的场地。

3.3 景观系统的空间类型

3.3.1 步行空间

老年人与健康人的步行状况不同，老年人一般是边观察周边的情况边行走，中途需要休息，具有短时并且多次的特征（图 3-2）。一般老年人的步行极限为 10 min，步行距离大约 450 m。休息空间的布局可以依据这个标准进行设计，在步行的路程中设计若干休息和观赏的景观小空间，使老年人安全愉悦地散步。

3.3.2 交往空间

老年人由于社会角色的改变，社交活动越来越少，这就需要一个良好的户外交往空间，帮助老人在养老院建立良好的社会关系，增强他们的归属感。因此在进行养老院户外景观设计时，各个空间设计都应考虑到老年人交往的需求。比如，户外景观空间中安放座椅，它是促成老年人之间交流的重要户外设施。一方面，在设计中应遵循老年人的使用原则——选择适宜的座椅的形式、材料等；另一方面，根据户外空间以及老年人活动使用的需要进行座椅的组合形式安排，可以形成不同类型的室外交往空间。

3.3.3 休闲锻炼空间

户外环境设计为老年人提供了一个人性化的休闲锻炼空间，让他们可以在这个空间里聊天、锻炼身体等（图 3-3）。根据老年人的不同身体状况和身体需求，户外的活动空间需要良好的通

图 3-2 美国齐尔德斯老年护理中心

图 3-3 荷兰 Zonnehuis 养老院景观设计

风以及舒适的光照，通过一些灌木的设置阻挡冬天寒风的直吹，还应设置大量可以让老年人休息的座椅，供赏景的老年人的需要和锻炼后的老年人休息。

3.3.4 观赏空间

养老项目中，老年人的观赏空间包括中庭和一些户外空间等，观赏空间的设计应该具有良好的采光与通风，同时满足老年人观察往来的人。老年人喜欢晒太阳、漫步、呼吸新鲜空气等接触户外的活动，良好的户外观赏景观环境的营造，可以使老年人更好地走进自然、融入自然、感受自然。

3.3.5 私密空间

老年人由于各自生活经历与性格的不同，有时候需要独处空间，因此在户外景观设计时，应为这些老年人提供相对安静的独立空间，通过植物或座椅的一些简单分割，创建一些相对简单的私密和半私密空间，方便喜欢安静的老年人独处。

4
国外乡村养老项目案例

4.1

美国Air Force Villages养老社区

项目名称：AIR FORCE VILLAGES
项目设计：Perkins Eastman
项目地点：美国，德克萨斯州
客　　户：Air Force Villages, Inc.
建筑面积：I：独立居住区 6 392 m^2　　II：介护型和短期康复护理 6 611 m^2
竣工时间：2011 年
摄　　影：Chris Barrett

Air Force Village 养老社区重建的一个主要组成部分是 The Mission。它是 Air Force Village I 中的一部分，是一个延续性护理社区。这部分的设计从战略规划、总体设计到建造和室内装修设计都是由设计师 Perkins Eastman 直接参与重新定位的。

住宅区共有 6 种风格各异的户型，每一种都独具美感，营造出一种个性化的特点，让住户有家的感觉。将原来规模较大的模块式的护理区域改成小面积的有居家氛围的区域后，The Mission 焕然一新，呈现出小型家居的感觉。而这一切都提升了社区内住户的生活品质和工作人员的工作环境。

为了强调居家生活的质量，削弱建筑的大空间感，所有的户型都可以通往前厅。每个户型都有一个生活区，里面都设有一个石制的壁炉，并且从这里都有通向室外的门。壁炉区隔开客厅和餐厨空间，同时又不会阻隔看向各个房间的视线。开放型的房屋设计有助于鼓舞住户参与到公共活动中，与人交往，且便于炊事、用餐时人们之间的相互交流。

户外绿化烘托出温馨的室外环境

对于首次来此的客人，建筑还设计了一个主入口，每个住户都有各自的前门，就像家一样。各个户型间相似的元素包括房间结构、材质、装修和家具，这一切都恰当地呈现出一个温暖且颇具吸引力的家的环境。

房间的设计还有助于住客独立生活和对其进行临终关怀。装有淋浴和天花扶手的浴室可以让住客无障碍地由床走到浴室或者卫生间，而与景观庭院相连的私人露台则可以让住客直接来到室外。

每间房子都有吸引人的公共空间，包括客厅、厨房，以及能看到并能通向室外景观庭院的餐厅。开放式的设计，毗邻公共区域的卧室设计让住客可以看得见、闻得到并参与到炊事准备的过程中，有利于促成即兴聚会，便于举办各类家庭活动。

每一栋住户都拥有独立的入口和前院

开放式的入口空间便于各家庭之间的交流

面向客厅的院落为老年人提供了沐浴阳光的场所

计划建造的长期护理/
短期疗养院
农舍
计划建造的娱乐餐
饮中心
计划建造的小教堂
城镇中心
农舍
JOHN D. RYAN 大道
计划建造的零售和商品房
90 号州际公路

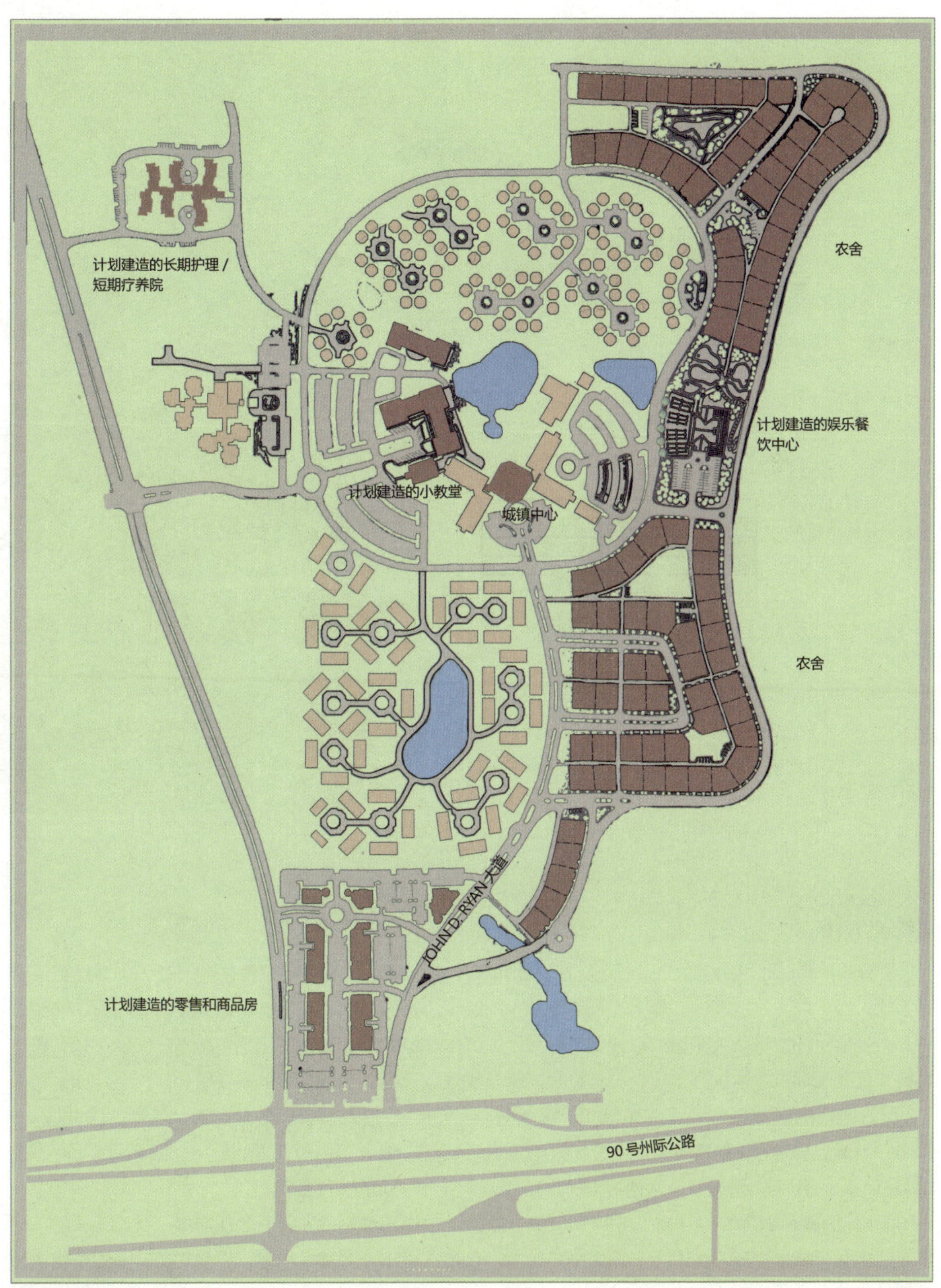

规划图

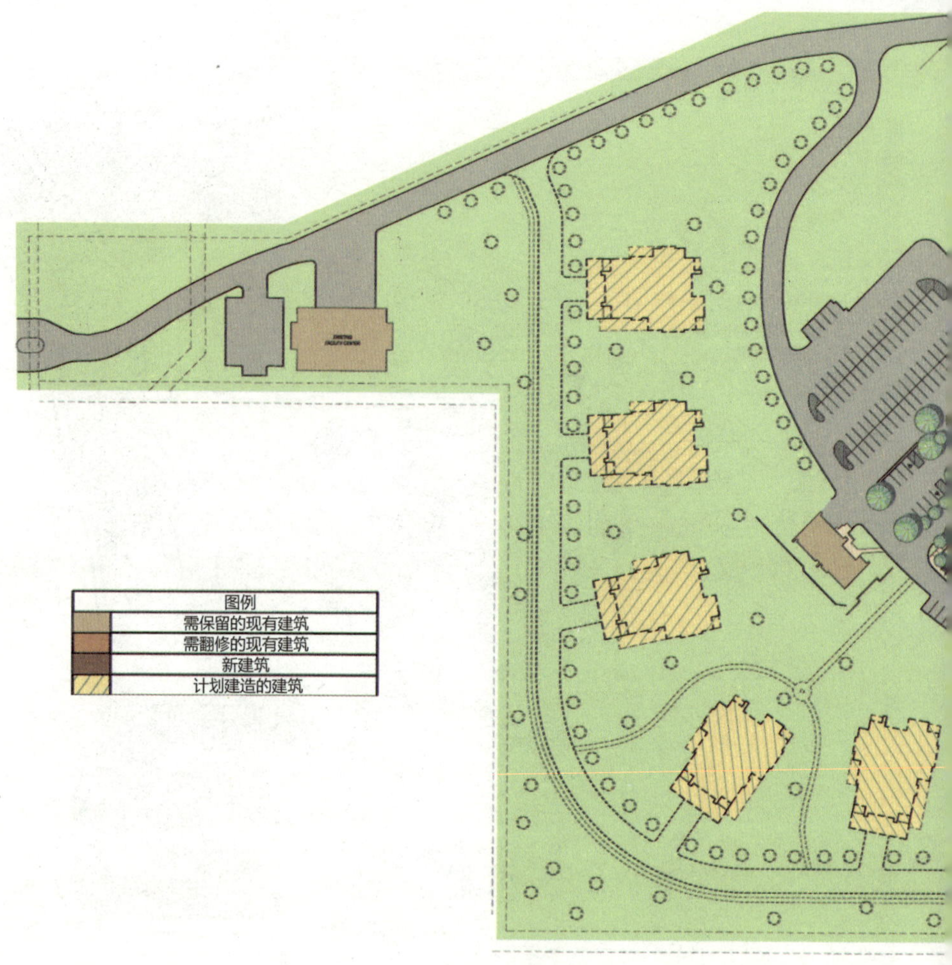

重新定位社区

倾斜的地势赋予 Perkins Eastman 及其设计团队灵感，将两层的住宅隐匿在半山腰中，并在每层开设多个入口，以满足住客、工作人员和访客的不同需求。建筑一层主要服务于短期康复老年人，而第二层则为长期全托型老年人预留，以保证其隐私性。每个户型的设计都力图满足不同老年人的需求，提供包括传统的长期技术性护理、记忆支持、短期康复护理以及临终关怀在内的各项服务。

第一阶段的改造任务包括完善每个园区大型单一的用餐地点设计，使其更具功能性。因此在 Air Force Village I 中的独立高层住宅中设计新加了一个小酒馆和一个位于 16 层的空中酒廊餐厅。而在 Air Force Village II 中，增设了一个便捷即时咖啡厅，活跃了建筑的整体氛围。

在 Air Force Village I 的新入口区域，设计新建了三栋 4 层高彼此独立的住宅楼，替代原有的小型复式住宅和公寓，设计不再侧重于追求市场效应，而是从老年人的需求出发，更加宜居。一栋新建的技术保健与康复住宅取代了原有的设计模式，呈现出小空间紧凑模式。Air Force Village II 还新加了 75 间定制套房、农庄式独立生活区。

总平面图

单元活动室中的家具颜色和选材加强了室内的温馨效果

怀旧风格的会客室

设计团队与园区管理团队及工作人员紧密合作，共同研究现今国家最前卫的技术护理。设计团队从多个不同团体（先是整个大团体，然后是由管理团队、护理团队、饮食团队以及其他团队分别组成的小型团体）中获取数据与信息。Perkins Eastman 团队和 Air Force Village 护理团队还深入分析了 Green House® and Small House® 模式， 探讨其中功能性最佳的设计，尤其分辨哪种设计更符合本项目，以及新的建筑应如何设计操作，怎样更能便于对老年人进行护理。

最重要的是，在设计并实施 Air Force Village 养老社区 I 和 II 的重新定位中， Perkins Eastman 和客户双方共同决定要采取一种多团队协作的新的护理理念，而这也许是整个项目中最重要的居住文化革新。

客厅的通透性、与户外空间的可达性

视野良好的多功能厅

长期护理中心主入口
服务区

长期护理中心总平面图

大堂咖啡吧室内装修的木肌理

柔和照明下的天空酒廊酒吧

采用当地的石材、木肌理以及柔和的照明创造出开放的休闲空间

疗养院一层平面图

4.2 美国那不勒斯 Moorings 公园

项目名称：MOORINGS PARK
项目设计：Perkins Eastman
项目地点：美国，佛罗里达州
客　　户：Moorings Park
层　　数：地上 3 层
建筑面积：335 889 m^2
竣工时间：2013 年
摄　　影：Chris Cooper，Randall Perry

本项目位于佛罗里达州那不勒斯的 Moorings 公园，设计公司改造了公园附近的土地，在其上新建了几栋建筑，营造出一个既开阔又宜人的园区，有助于活跃居民的生活节奏。

Perkins Eastman 建筑设计公司负责本项目园区重新定位的战略总体规划。本项目主要面临 3 个挑战：针对活跃的成人生活方式，提供更多的住宅选择；在不打乱现有园区文化的条件下引入新的健身项目；通过有选择的拆除和更换的方式提升园区的整体形象。

为了完成以上目标，需要告知并向居民保证这是一个将在未来进行的多期改造、建设工程，这个转型对他们是有利的。

公寓户外的滨水环境

区位图

面向每个住户的新建中心湖

公寓户外的滨水休闲平台

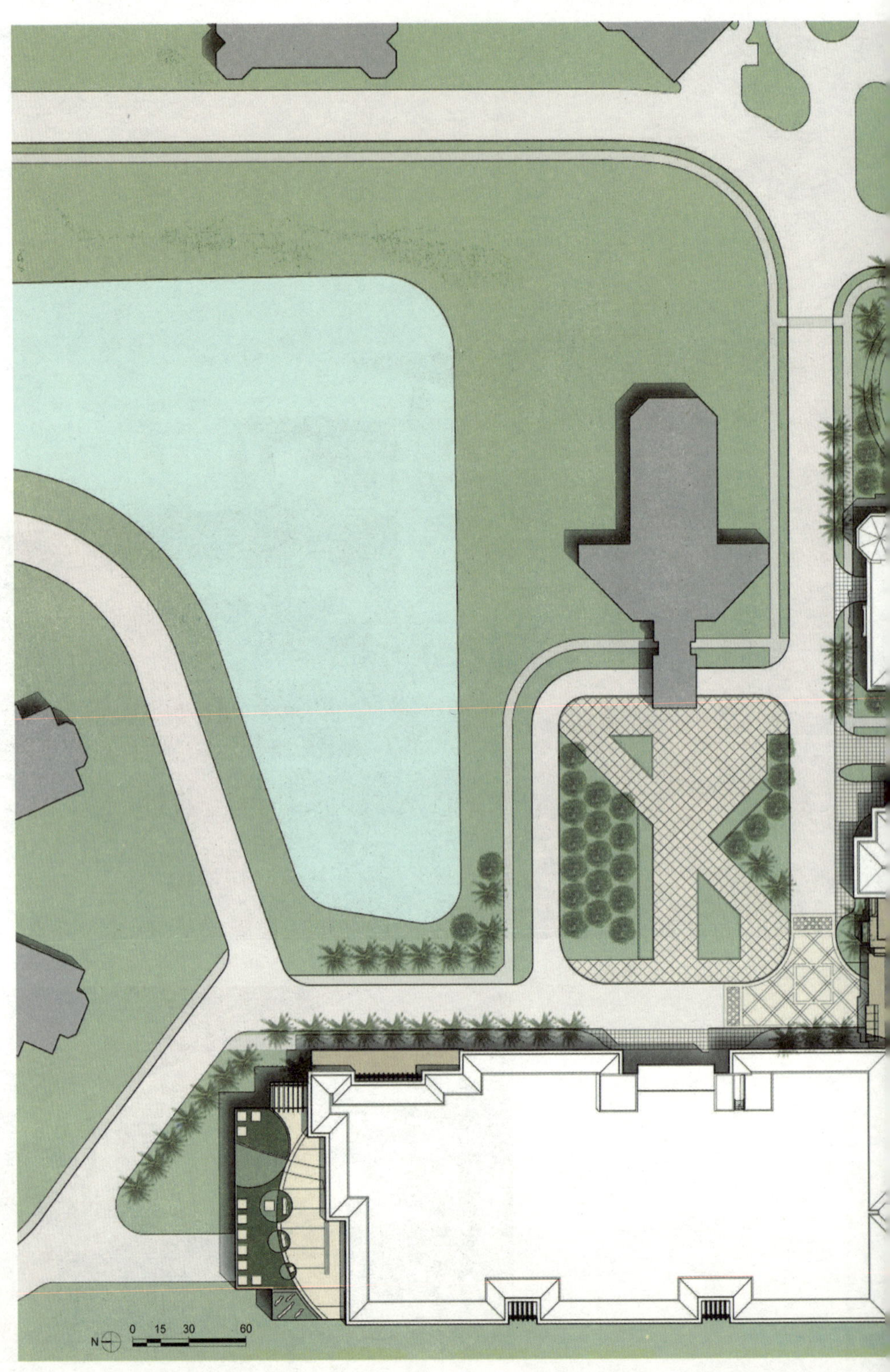
N
0 15 30 60

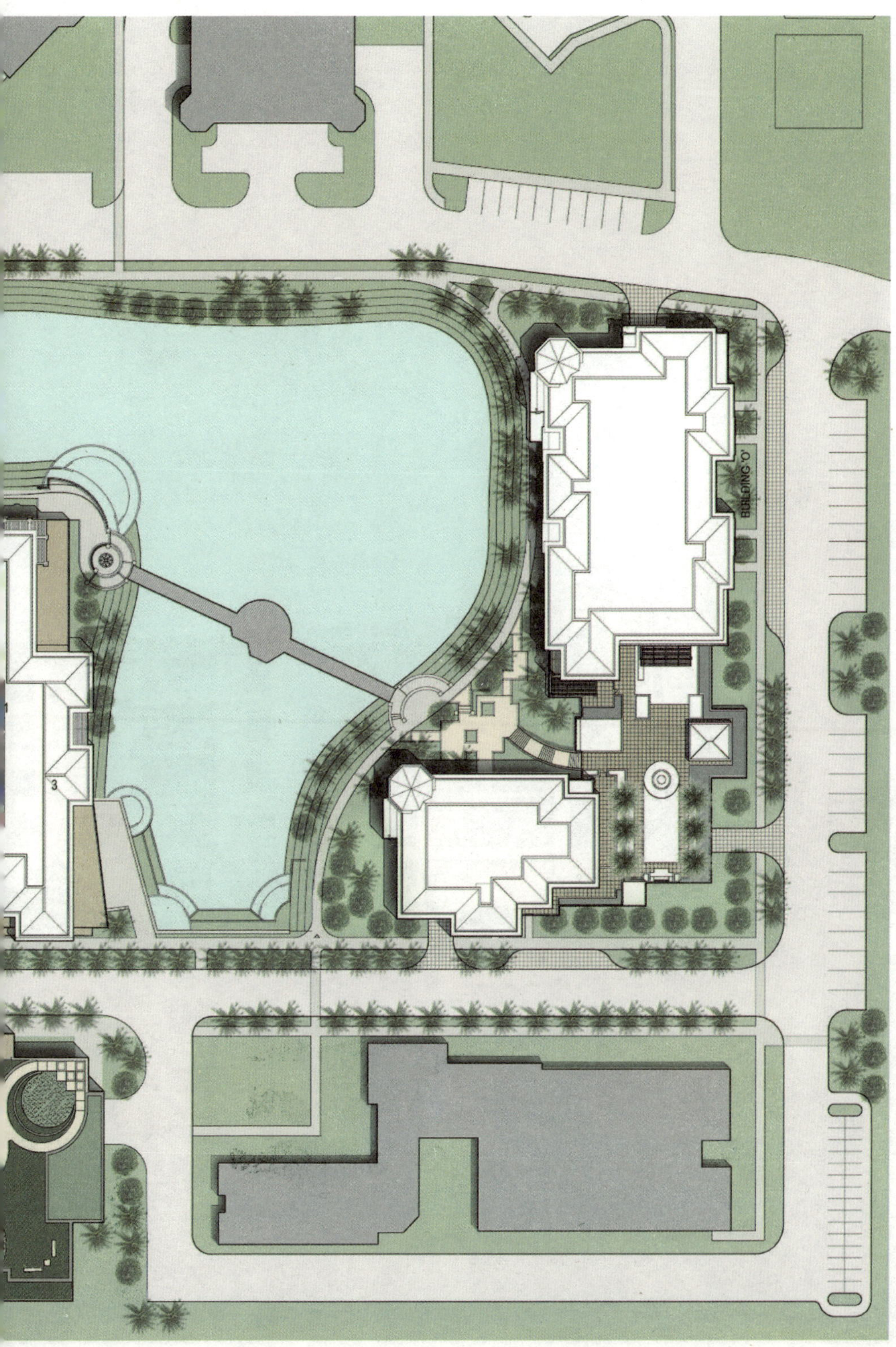

总平面图

湿地景观

户外的休闲步桥将叠落的水环境连系起来

扩建项目包括 29 栋住宅公寓，面积从 171.8 m² 到 464.5 m²，在公寓内可俯瞰新造的中心湖。新建筑包括 3 栋公寓楼和 1 个新的健康中心，都围绕园区新的中心广场而建，中心广场处设有中央喷泉以及为休闲散步准备的座椅区。

面积为 3 437.4 m² 的三层健康中心可为居民提供由专人管理的定制医疗服务，包括内科门诊、康复治疗、健身、综合性水疗，以及为教育和社交活动预留的公共空间。

公寓前的公共交通道路

半室内半室外的露台空间

清新中性色调的大堂休息区

园区整体设计和新建筑建造的关键是通透性与可达性的结合。设计充分考虑了建筑室内外空间大小、小路和步行桥的设置，以及居民和健康中心、餐厅、室外露台及其他公共汇聚地的距离。此外，所有园区内的建筑都安装了大窗户、露天通道和烟囱，方便居民饱览周边景观。

室内新的中性色调、隔音的木质天花板、拼块地毯和家具与其说是养老院，更像是豪华宾馆。该项目获得美国绿色建筑委员会颁发的 LEED 银奖认证。

健康生活中心的地面和隔音的木质天花板

健康生活中心接待处

4.3

意大利蒙泰穆尔洛康复中心及老年公寓

项目名称：HEALTH CENTRE AND HOUSES FOR ELDERLY PEOPLE
项目设计：ipostudio architetti
项目地点：意大利，普拉托省，蒙泰穆尔洛
客　　户：Azienda Sanitaria Locale 4 Prato
建筑面积：3 660 m^2
竣工时间：2010 年
摄　　影：Pietro Savorelli, Jacopo Carli, Ipostudio Archieve

蒙泰穆尔洛康复中心及老年人公寓的所在地一直保持着固有的农业传统，极具特色的特征是由于石墙围合成的露台。

设计目标是通过功能的重置将新的和旧有的建筑整合到一起，并将既有的农舍一直延伸到新的建筑中。将建筑体协调起来的元素源于田园的概念——典型的托斯卡纳农舍山庄的建筑形态。由于地形坡度较大，托斯卡纳田园建筑通常会有体量巨大的地下基础部分，以便搭建露台和屋顶花园。

一层平面图

区位图

鉴于项目的特点，设计思路需要在设计哲学和地势形态的复杂性之间找到互相妥协的可能性。由此形成这样一个概念：各个方位的立面被消解成为面向山谷的单一立面，其曲折的轮廓则依循地形等高线而形成。

本项目中，地势形态决定了原有建筑结构的高度以及其通往新的建筑综合体的入口设置。最终的设计中，居住单元所在的空间介于界墙和山体斜坡之间。而在建筑综合体的上两层，放射状地重复设置着各个独立的居住单元，从这些居住单元均可以俯瞰山谷的景色。

依循地势等高线思路所画的设计草图

采用当地石材的界墙消解了坡地所带来的用地不利条件

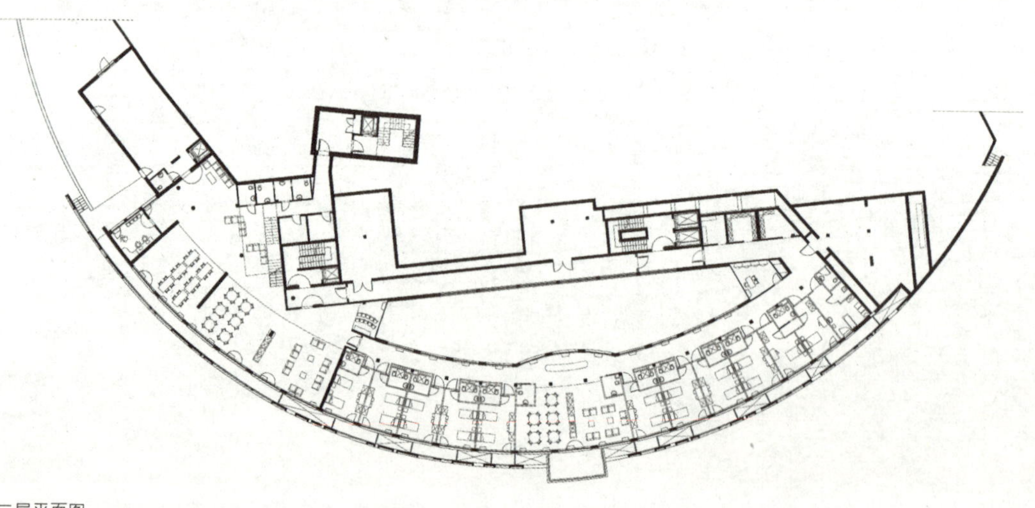

二层平面图

外观全景

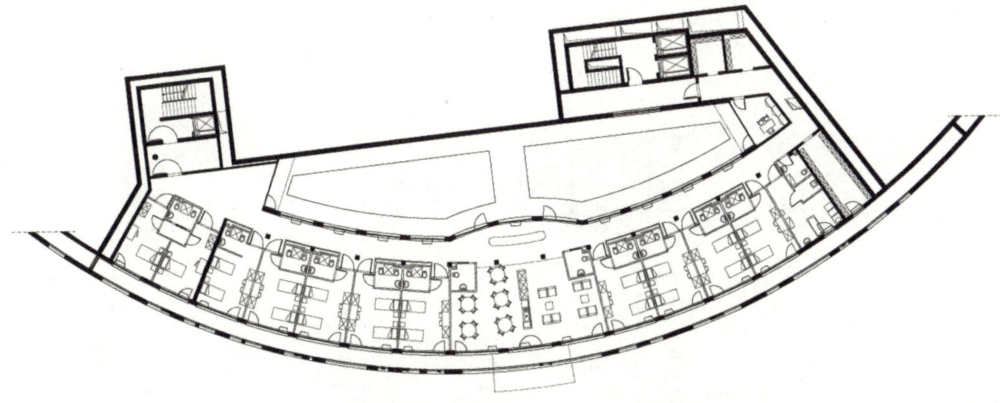

三层平面图

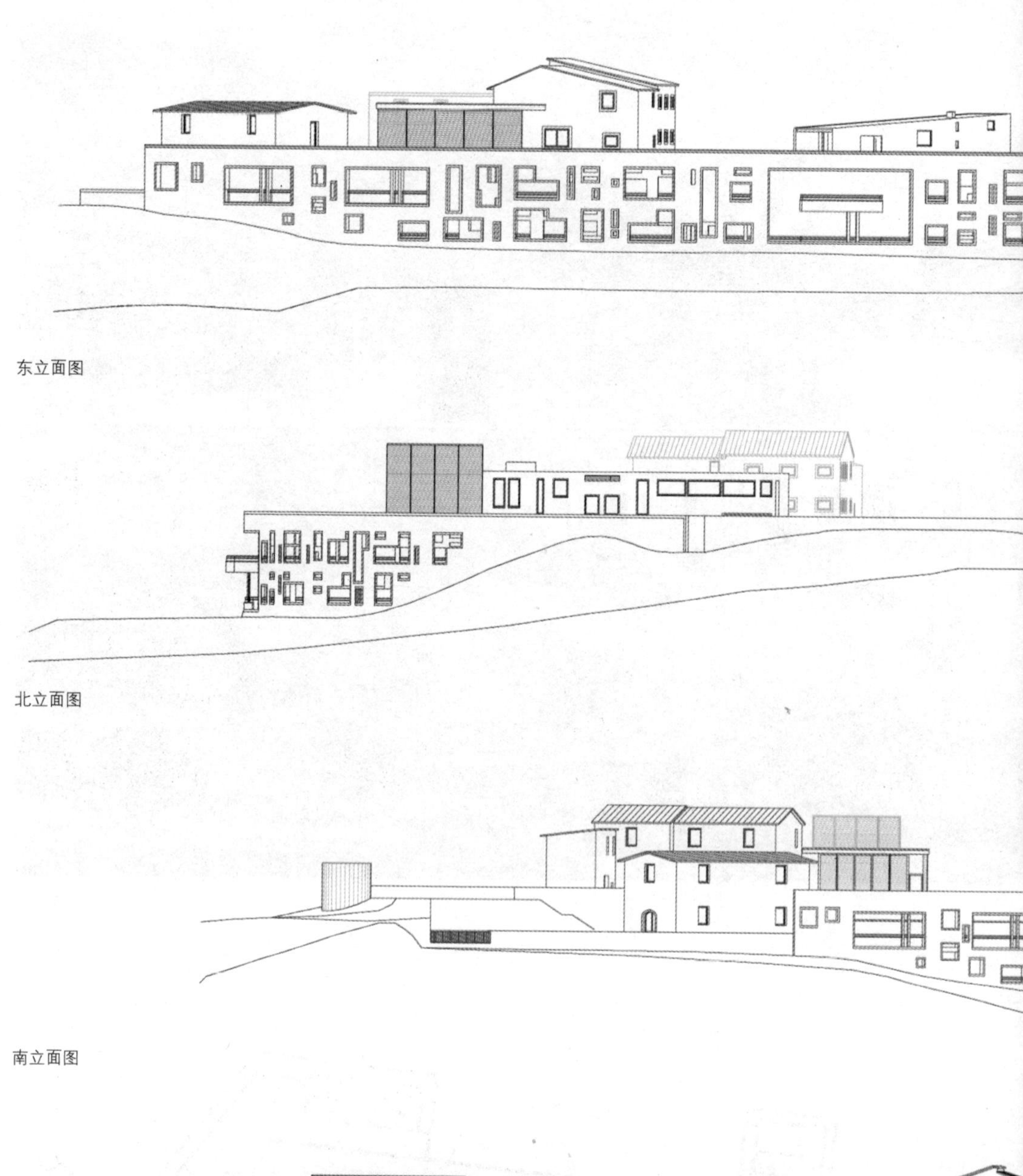

东立面图

北立面图

南立面图

西立面图

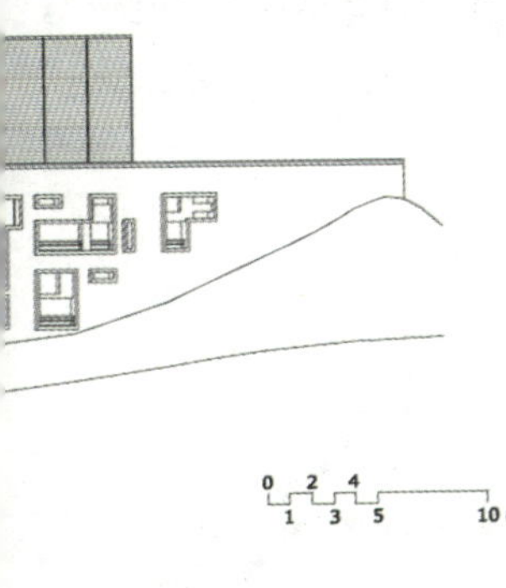

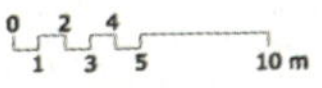

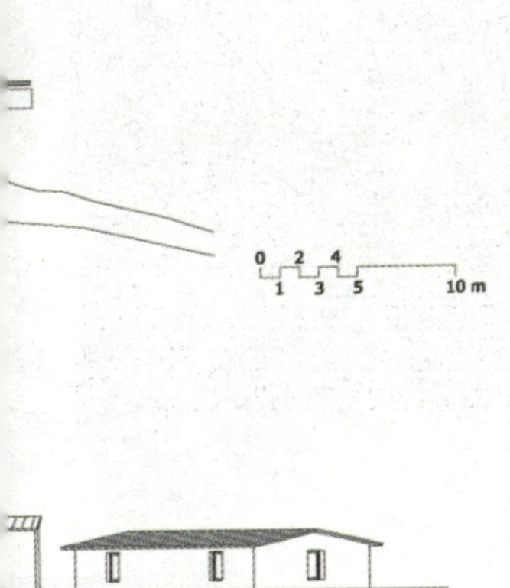

0 2 4
1 3 5 10 m

弧形的外廊界定了建筑内外关系

石墙外立面

从建在坡地制高点的露台可观赏到室外周边环境

二层室外庭院

二层制高点的室外露台

参天古树与白色界墙的关系

现代材料制作的门窗所界定的建筑内外关系

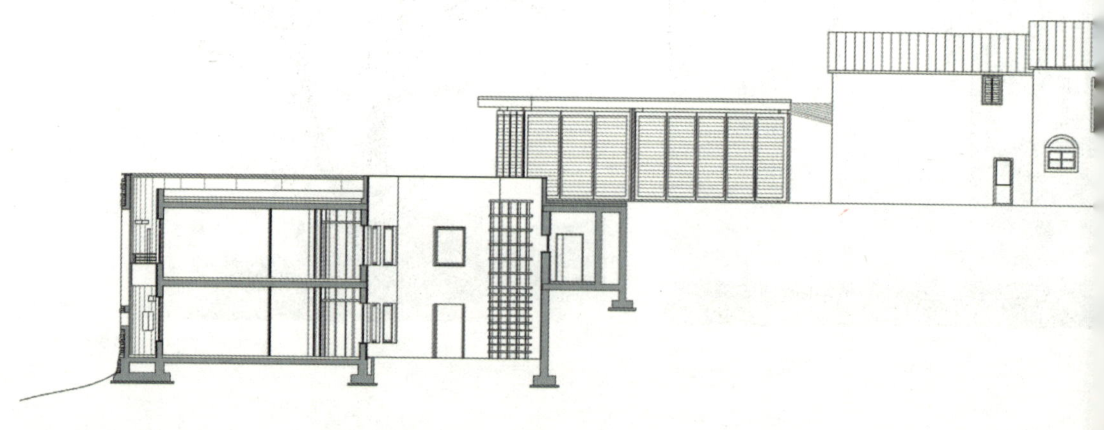

剖面图

简约风格的室内实景

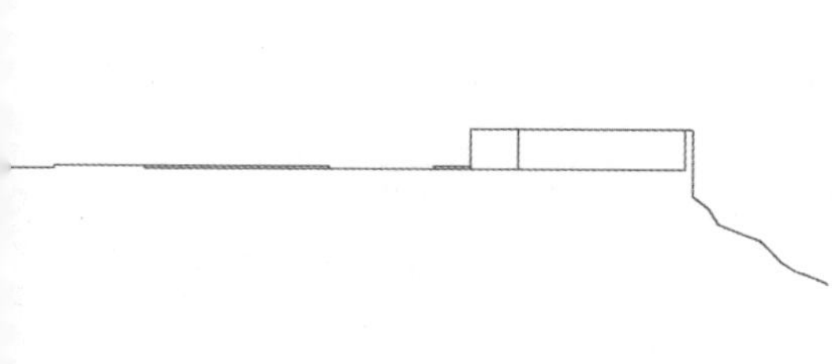

虚实结合的双层“墙体”的巧妙运用，使建筑基础部分可以自由地观赏山谷美景。这种墙体分为两层：一层是玻璃墙，可以直接看到客房的情况；另一层墙体与第一层相隔1.80 m，为石墙，上面随机开凿着大小不一的孔洞，即使不关注平面配置，每一间房间也都清晰可辨。项目外立面采用当地传统的石材铺装，是典型的托斯卡纳田园建筑风格。

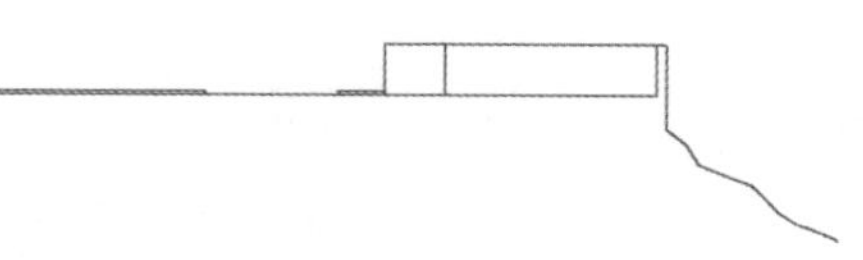

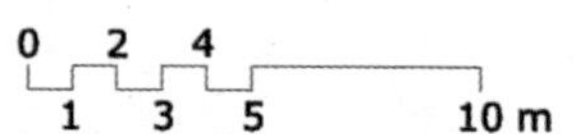

4.4

法国里艾莱镇
15 栋社会保障房

项目名称：15 SOCIAL HOUSINGS IN RIAILLÉ (44)
项目设计：Mabire Reich architects
项目地点：法国
建筑面积: 1 155 m²(无冬景花园) 1 254 m²(带冬景花园)
层　　数：1~2 层
竣工时间：2014 年
摄　　影：11h45 摄影工作室

本项目设计理念明快，在法国大西洋卢瓦尔省里艾莱镇的入口处修建15栋社会保障房。然而具体设计内容复杂，试图解决社会保障房这一全球性特有建筑品类的设计定式，营建出宽敞的户型，并实现在每平方米 1 250欧元的造价基础上兼具空间的实用功能。

本项目把能看到的近处景观和远方背景结合在一起，并将乡村风景植入设计理念中。这种设计形式更为精准、独特、连贯，将现有元素整合成一个整体。

合理的建筑理念使本项目整体设计更为精致，使低预算、大空间、零散空间、入口和采光设计成为可能。

明了、快捷的入口

项目地块位于小镇的西入口。其南面是一家养老院的停车场，北面是一个场地，东边是一个牧场，西边是 Sophie Trébuche 林荫大道。 这 15 栋社会保障房中，10 栋是专门提供给以老年人优先的 CARSAT 协议成员。

从建筑可以看到远处的城镇入口。而社会保障房的整体设计呈现出“粉刷的立面和斜面屋顶”这一原型设计。建筑与村镇景观融合在一起，形成一幅美丽的风景画。本项目的居住密度要高于其周边居住区，而这种密度的规律，也构建了小镇入口处的风貌。当进入到建筑群当中时，项目的布局体现出随季节变化的村镇风格。

区位图

总平面图

建筑与周围村镇农地的融合

设计公司为本项目设计了一个道路体系，从Tré buche林荫大道可进入该项目区，沿着地块的西面和北面设计了车行道，其目的是防止过多的道路转弯设计占用过多的场地空间，而场地北面也与另一个场地相通，形成了本项目的路网，成为与市政发展和城市衔接的必要工具。

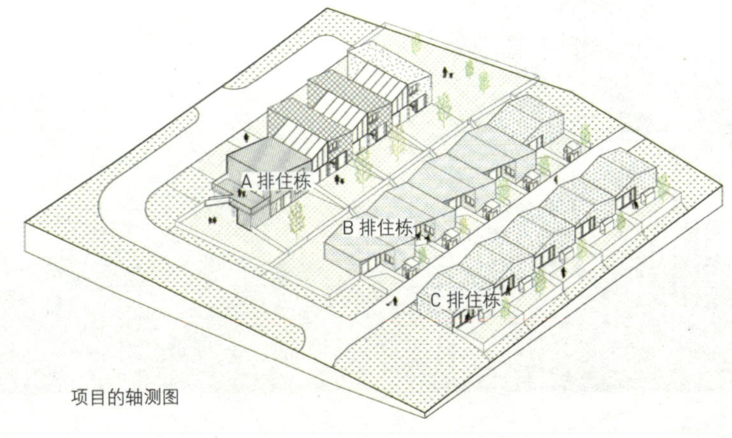

项目的轴测图

A 排住栋实景

入口与建筑主体材料质感的对比

每户入口与道路的关系

社会保障房共 3 排住栋，呈南北走向。B 排住栋和 C 排住栋之间有一条临街道路。为老年人准备的房屋位于场地坡度较缓的地带。如果住户想享受服务设施，可以沿着有缓坡的道路去往养老院。对于家庭居住来说，A 排住栋与北面的地块相连，设计更为规整利落。整体房屋设计是坐北朝南，那么 B 排住栋和 C 排住栋的起居室和厨房也是南北向的，每户的起居室都面向自家的四季花园。

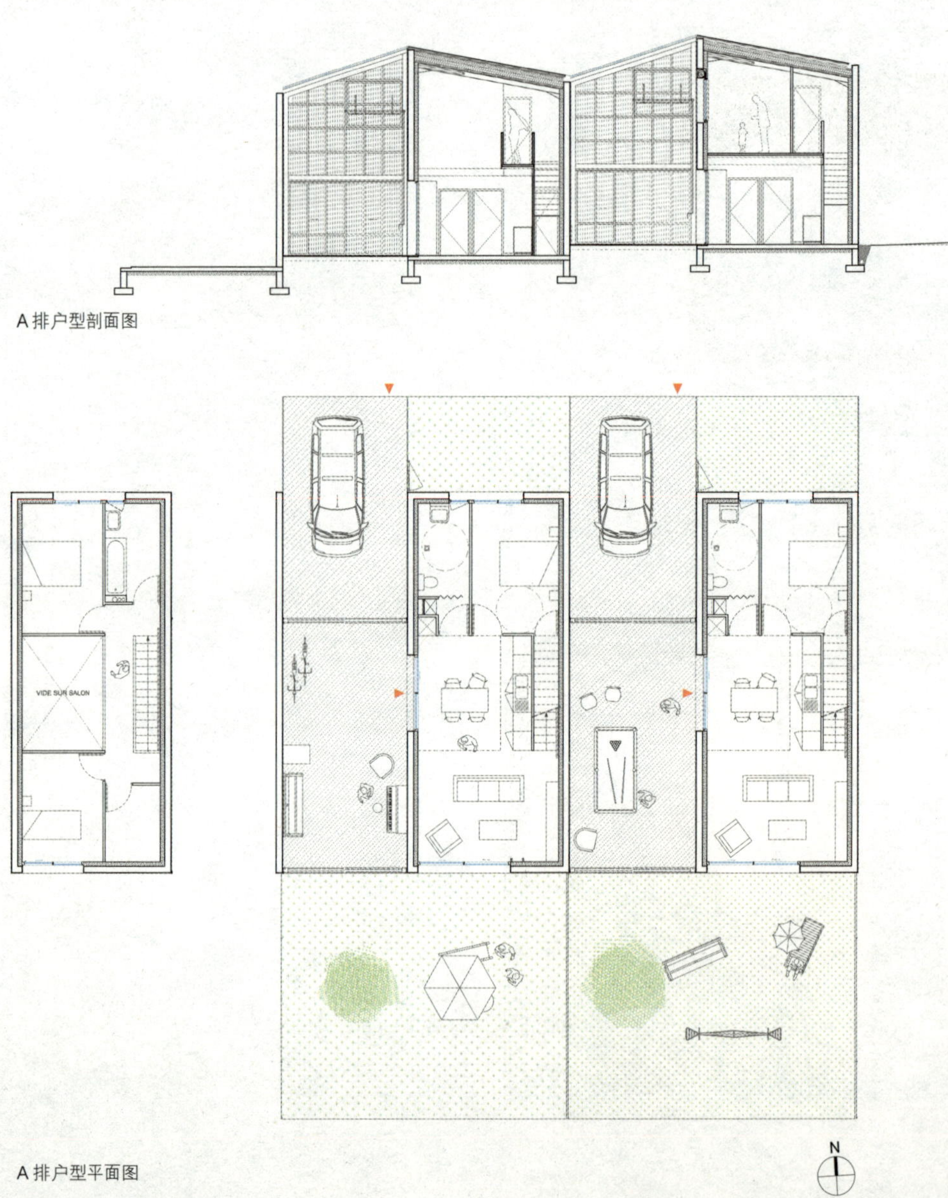

A 排户型剖面图

A 排户型平面图

A 排住户车库入口

B 排住栋入口前的四季花园

C 排住栋正立面实景

B 排户型剖面图

B 排户型平面图

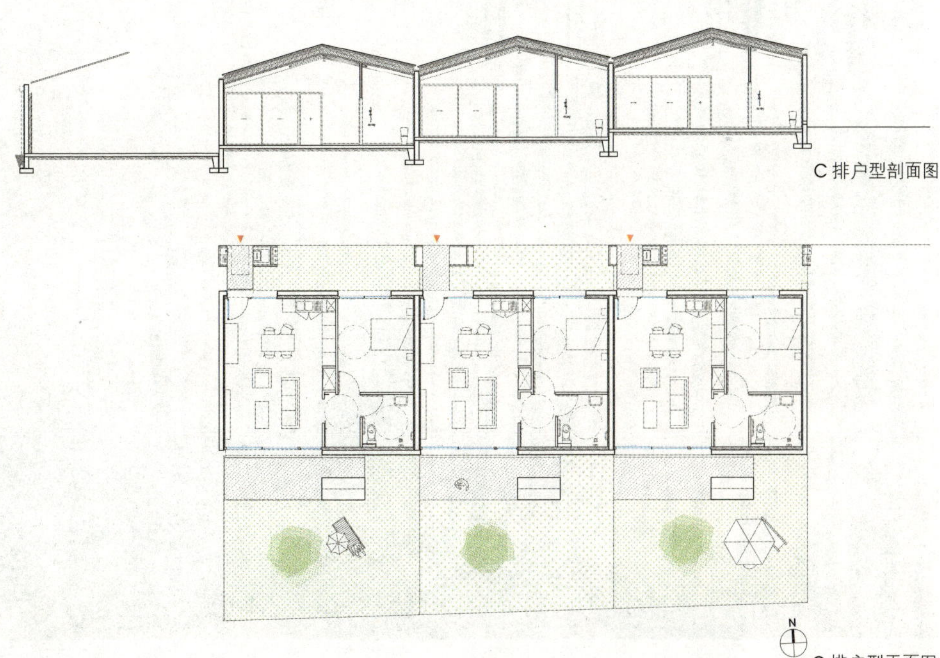

C 排户型剖面图

C 排户型平面图

A 排住栋花园栅栏

A 排住栋联排屋脊

入口材料的木制纹理更有家的归属感

绿化（每住宅单元一棵树）、垃圾房、邮箱使得项目景观更加丰富。在剖面设计上，位于高地的房屋和位于中间的房屋在水平高度上的差距也阻隔了视线。凸显出位于场地南面的树木，从四季花园进入的居民，可以看到自家的绿化坡地。

A 排住栋联排立面

空间布局上，在充分重视亲近宜人型设计和卫生安全的基础上，在浴室和起居室之间设定两扇门，以便为老年人的保障房创造更宽敞的浴室空间（16 ㎡）。考虑到浴室对于老年人甚至是卧床不起的老年人的使用价值，设计了宽敞的空间，更易于装饰，也更符合特定人群的要求。

两户之间的共享空间实景 1

A 排住栋连接两户之间的共享空间

两户之间的共享空间实景 2

两户之间的共享空间实景 3

从室内望向入口四季花园

从住户室内透过四季花园所见的邻里关系

从住户的室内空间望向共享空间

4.5
瑞典 Norra Vram 养老院

项目名称：NORRA VRAM NURSERY
项目设计：Marge Arkitekter
项目地点：瑞典
层　　数：1 层
建筑面积：2 500 m^2
竣工时间：2009 年
摄　　影：Johan Fowelin

本项目坐落于瑞典南部的 Norra Vram。养老院周边一派田园景色，农场和独门独院的住宅尽收眼底。本项目工程包括一部分的改建项目，以及扩建一栋建于 20 世纪晚期的私人养老院。

本项目理念灵感来源于瑞典南部的传统老式农场建筑形式。新建筑与原有建筑直接相连，以确保项目是同一个整体，同时也鼓励居住者在不同建筑内行走交流。扩建部分被设计成几个单体建筑，沿着乡间小路平行延伸，各具特色，有些采用内退式设计，使整体建筑更为突出。

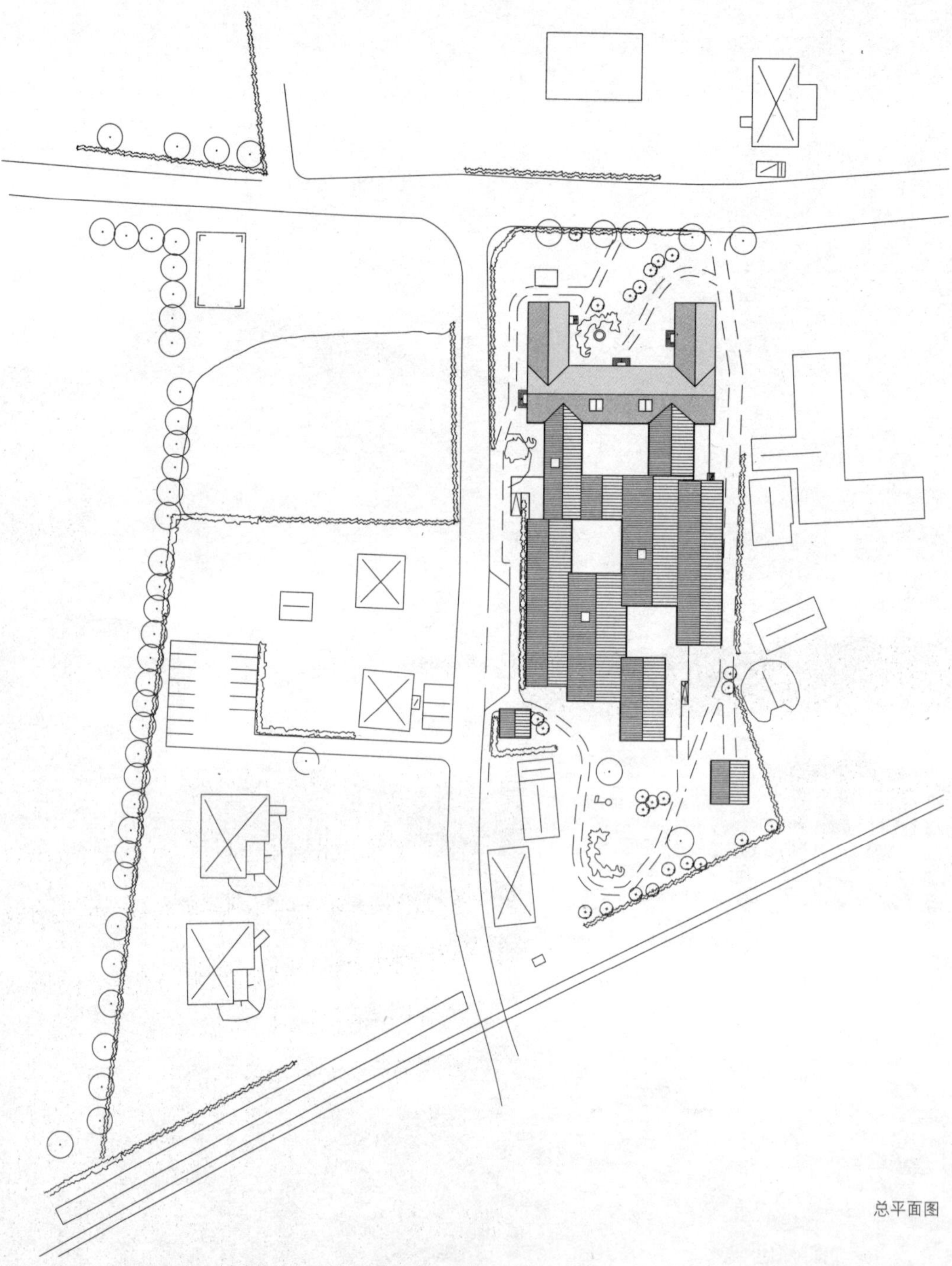

总平面图

Norra Vram 养老院项目是对一座 19 世纪末的大宅院的重建和扩建，总面积达到 2 500 m²。其余的建筑看上去很像瑞典旧时期的农庄，建筑之间设置了内部庭院，精致花园让居住其间的人们享受着户外时光。不同颜色的建筑掩映在大宅院的红色砖瓦之下。

呈现地域传统建筑色彩的庭院，为寒冷地带的老年人提供了享受阳光的场所

具有北欧乡村建筑风格的精致中庭

夕阳衬托出砖红色外墙面的养老院外景

在养老院宽大的入口区域，设置了接待处、图书馆和一座精巧酒吧。从入口处可以通往 3 座老年人居住区，即短期居住区、老年痴呆患者居住区、认知障碍者居住区。所有的居室都靠近一座公共起居室或绿色庭院。不同的居住区相互连接，既有利于痴呆患者的康复，又便于老年人之间的相互交流。

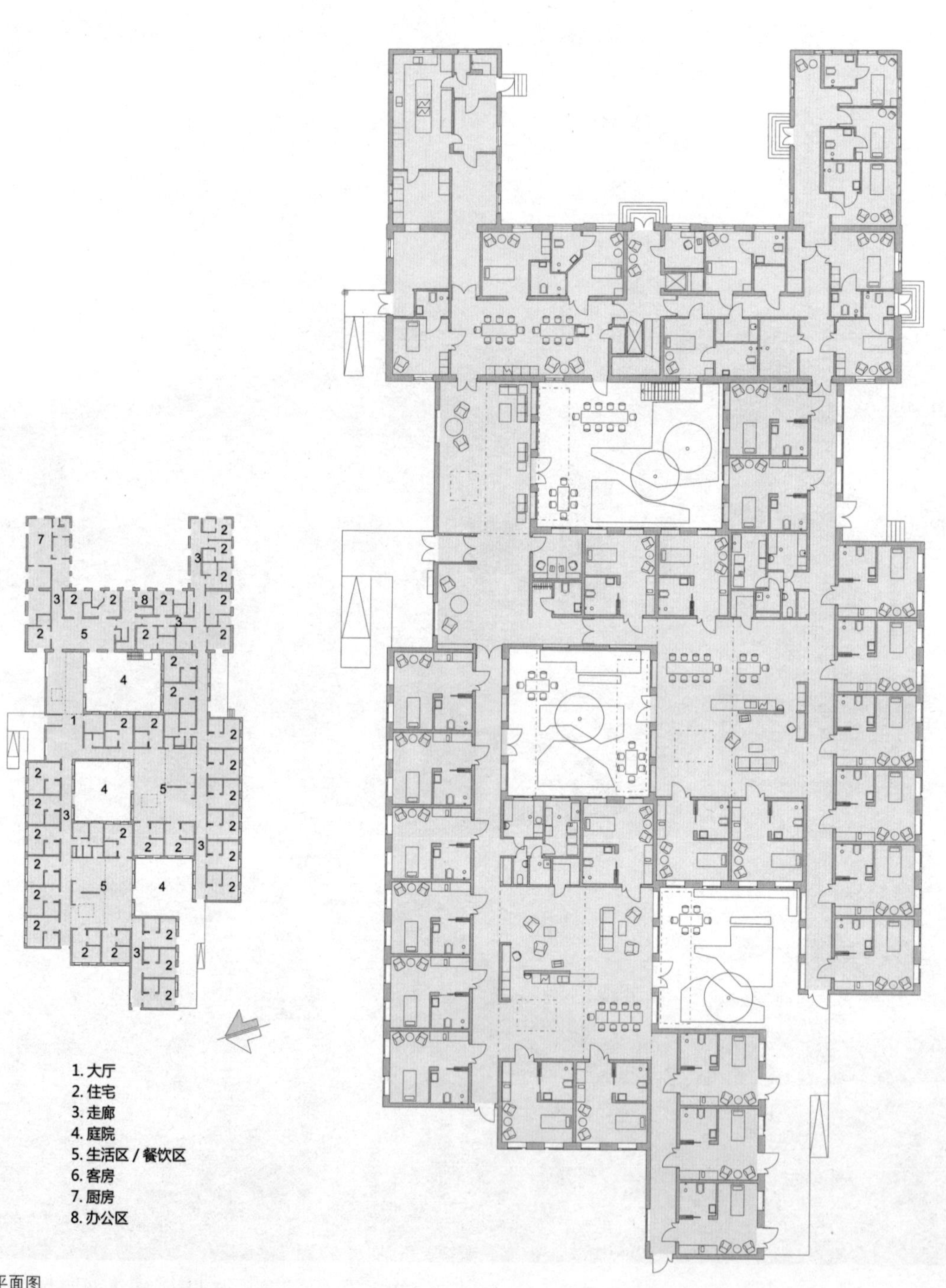

平面图

色彩明快、布置优雅的居室

内外视线良好的环境为老年人提供安逸的休闲场所

养老院地处北欧寒冷地带，起居与用餐一体的开放空间采用了地热系统，为老年人提供了温暖的生活环境

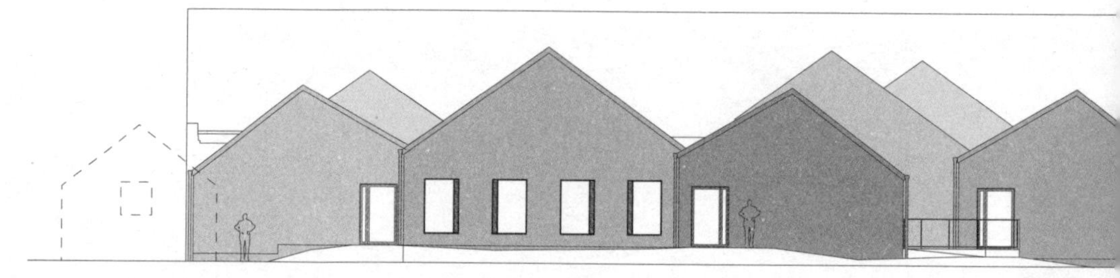

西立面图

北立面图

南立面图

新建筑与邻近花园及周边环境融为一体，不同建筑之间设计了庭院，为居住者提供了亲切宜人的户外活动空间，同时也使人们免受瑞典南部时而出现的严寒气候的影响。

材料上，项目使用了可持续材料，采用地热系统。布局上，与周围其他建筑相呼应。室内设计的原则是宽敞、温馨以及现代化的环境。

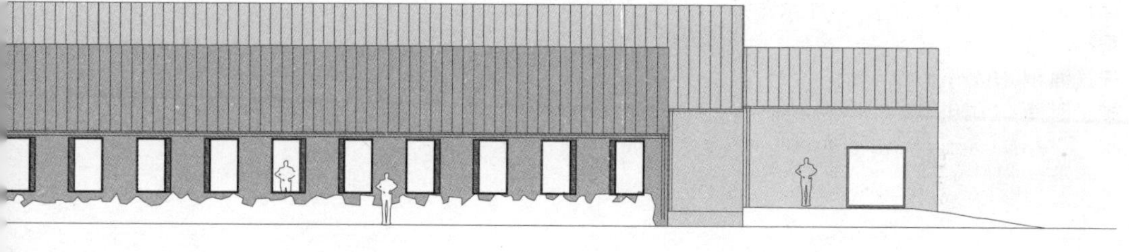

4.6

斯洛文尼亚卢布尔雅那老年护理中心

项目名称：LJUBLJANA HOSPICE
项目设计：Dans Arhitekti
项目地点：斯洛文尼亚，卢布尔雅那
层　　数：3层
建筑面积：842 m^2
竣工时间：2010年
摄　　影：Damjan Svarc, Architect’s archive

卢布尔雅那老年护理中心坐落于高勒维克山旁，靠近交通繁忙的Hradeckega大道。这座建筑给老年人带来积极的心理效应。护理中心是老年人度过生命中最后一段时光的家园，见证了生命中最重要的部分，如健康状况下降和离开人世。正因为如此，保障老年人的生活质量和安全感至关重要。为了让他们感觉到舒适，既不能太过寂静，也不能过度嘈杂，设计上考虑到了音效、触感、安宁的气氛、颜色和光线对护理中心的重要性。这座建筑力求为老年人提供一个良好的环境，让他们在接近自然的舒适环境中度过生命的最后一段时光。

总平面图

该建筑位于山峰的边缘，紧靠山坡，在斜坡的最低处，阶梯式墙面和露台面山而立。建筑场地呈矩形，围绕着一个核心。楼梯沿中央盘旋而上，将所有楼层的公共区都连接在一起。建筑的一层是管理和培训区，二层和三层设有房间，房间和浴室是按照残疾人的标准配置的。

棋盘图案的外立面

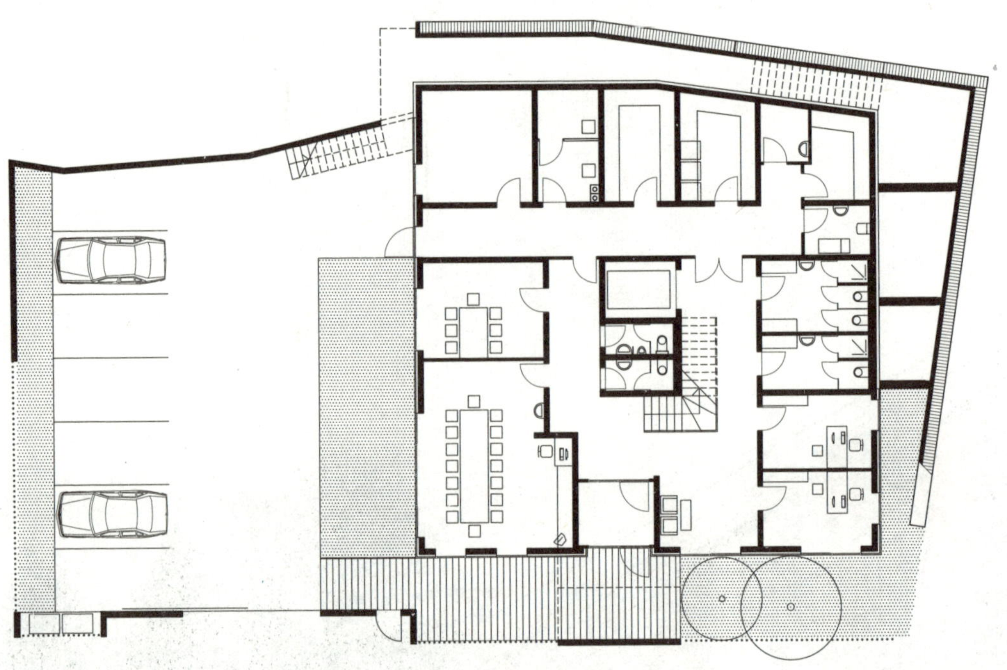

一层平面图

台阶和露台与红、灰色彩的有机结合

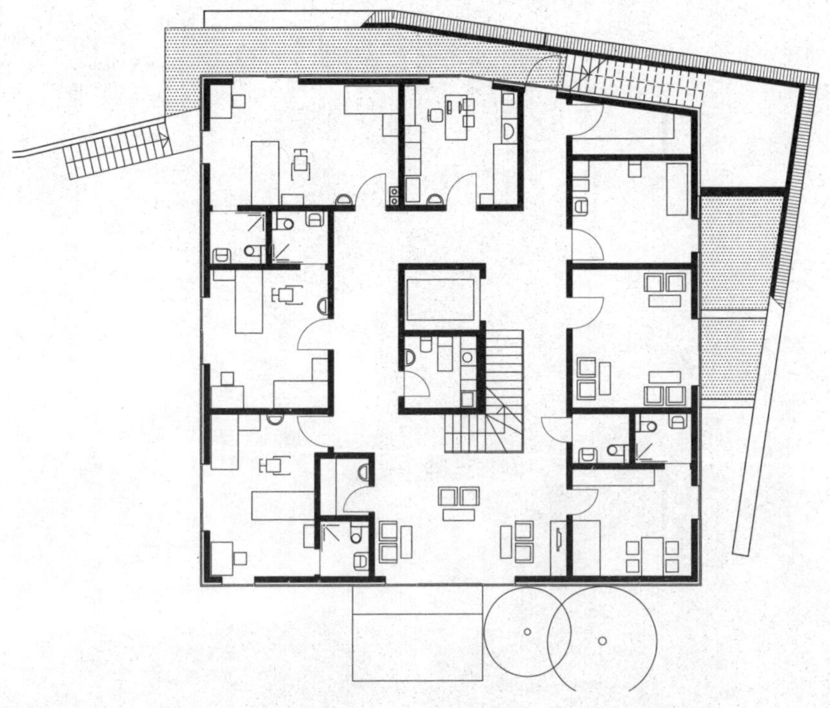

二层平面图

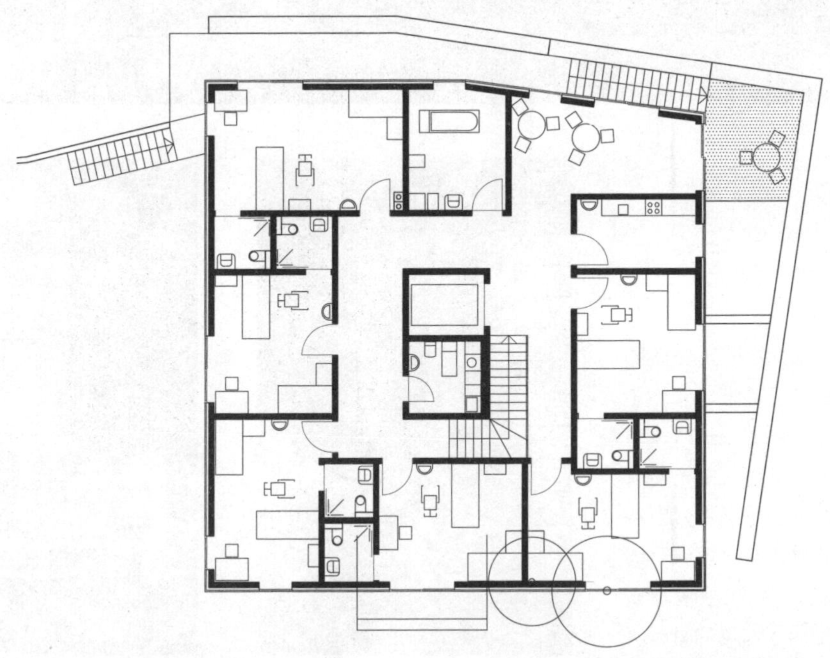

三层平面图

立面的设计灵感来自棋盘图案，由深浅不一的瓷砖方块和均匀分布的窗口组成。围栏、一楼入口的篷顶与街道相邻。建筑的一侧有一个停车场，同时也是通往公园的必经之路。建筑师希望这座建筑能给老年人带来家一样的温暖与安全，所以特别使用了常见的材料、暖色调的颜色和熟悉的外形。

通往公园的红砖之路

位于坡地之上的护理中心夜景

棋盘图案的外立面与水平围墙的关系

围棋图案的墙面与窗格

木制地面、扶手和护栏为老年人创造了适老化的室内环境

宽敞入口空间充足的照明

楼梯围绕建筑核心盘旋而上，每一处都有不同的光线，上楼梯时能看到不同的景色。电梯和服务区位于建筑的中央，其他如居住房间等更重要的空间则沿边缘分布。每个房间都拥有大型的观景窗。为了确保老年人的安全感和私密性，窗玻璃上印有传统的装饰图案。这座建筑参考了著名建筑师 Plečnik 在国家图书馆设计中的稳固性与安全性的设计理念。建筑师力图使建筑独具特色，容易辨识。建筑的形状和材料让人联想到传统的棋盘图案和农村壁炉。

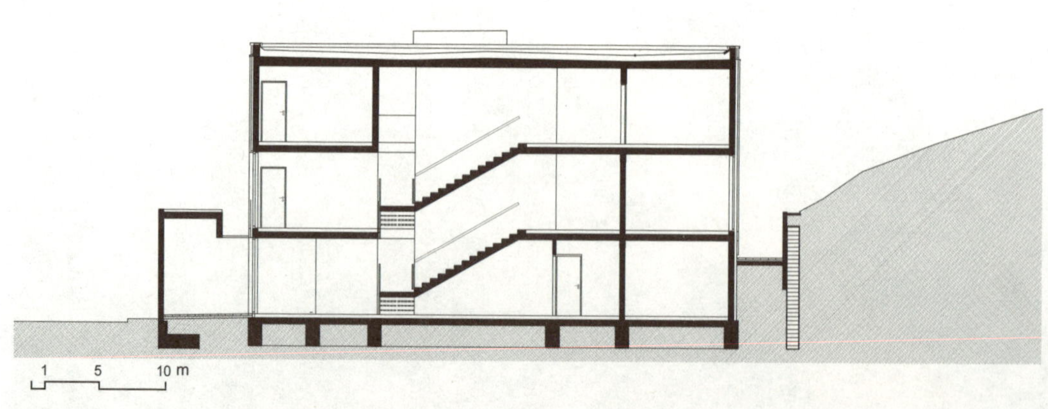

剖面图 1

木制旋转楼梯的安全护栏形式

单元房间的观景窗便于充足的采光和观望室外风景

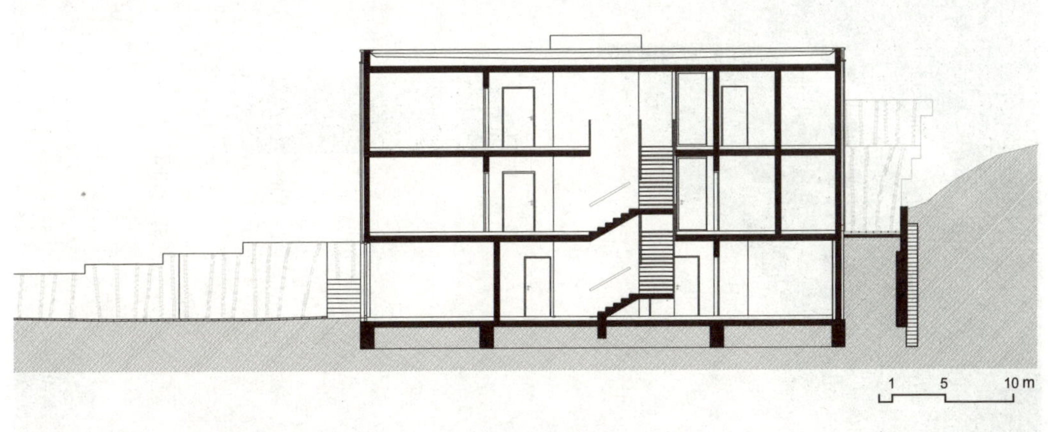

剖面图 2

灰色围栏、篷顶与棋盘图案墙面围城的侧廊

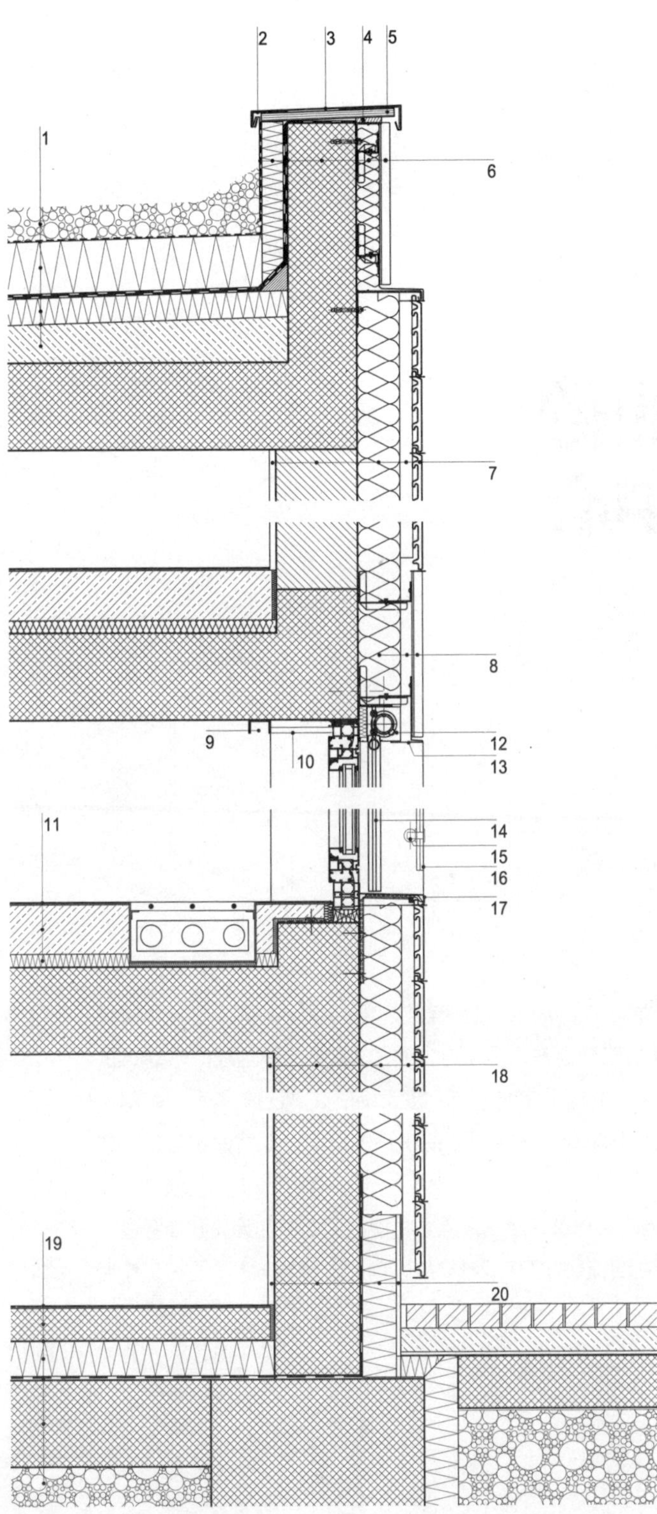

1. 屋顶构造：双层结构，碎石
   保护层：碎石 16/32
   隔离层
   隔热：XPS
   防水层：油毡、沥青
   封缝沥青
   隔热：EPS 10 kPa
   封缝沥青
   混凝土封顶坡度小于等于 1.5%

2. 盖封固定卡

3. 安装在 Egoferm 带上的镀锌钢板

4. 定向刨花板

5. 木板

6. 屋顶女儿墙：铝合金挂板
   立面铺装：彩色喷漆
   铝质暗盒，隐藏的固定系统
   支撑结构
   隔热：矿物岩棉
   钢筋混凝土墙
   沥青层
   防水层：油毡、沥青
   隔热和保护层：XPS
   铝板：0.8 mm 厚

7. 通风立面
   矿物石膏板
   砖墙
   隔热：矿物岩棉
   风眼
   立面：铺装瓷砖

8. 过梁：铝合金挂板
   立面铺装：彩色喷漆
   铝质制暗盒，隐藏的固定系统
   支撑结构
   隔热：矿物岩棉

9. 铝质窗帘滑轨

10. 由硬纸板石膏包覆的内侧窗楞

11. 一层：石英乙烯基地面
    内层地面：石英乙烯基铺装
    砂浆层：Mapel Eco 设计
    混凝土板 MB20
    隔离层
    隔声：矿物岩棉板

12. 遮光板

13. 外部窗楞：油漆喷涂的铝板

14. 遮光板轨道

15. 不锈钢固定系统

16. 玻璃扶手：印花玻璃

17. 窗台：铝板

18. 通风立面
    矿物石膏
    砖墙
    隔热：矿物岩棉
    风眼
    立面：铺装瓷砖

19. 基层：石英乙烯基地面
    内层地面：石英乙烯基铺装
    砂浆层：Mapei Eco 设计
    混凝土板 MB20
    隔离层
    隔热：XPS 板　隔声：PE 延展层
    防水层：油毡、沥青
    冷灌沥青层

20. 承重层
    矿物石膏
    钢筋混凝土墙
    沥青层
    防水层：油毡、沥青
    隔热：XPS 板
    保护层：不锈钢

构造节点详图

4.7 丹麦桑德加德老年护理中心

项目名称：HOSPICE SØNDERGÅRD
项目设计：Henning Larsen Architects
项目地点：丹麦，马洛夫
客　　户：桑德加德老年护理中心 、OK-fonden
层　　数：1层
建筑面积：1 800 m^2
竣工时间：2010 年
摄　　影：Leif Tuxen, Thomas Buchwaldt

桑德加德老年护理中心是丹麦根据 Realdania “好善终”原则设计的第 3 座老年人护理中心。该中心位于哥本哈根郊区的巴勒鲁普，由各自独立的 14 个房间组成。该建筑是对传统农场的现代诠释，壁龛成为私密的屋顶花园，可欣赏到邻近的湖泊美景。在内部，建筑的两翼形成两个树木繁茂的木结构庭院，一条绿色的小路蜿蜒而过，将建筑与公园和湖泊连系起来。

桑德加德老年护理中心旨在为老年人提供临终关怀服务，使他们能够在无痛和较舒适的环境下度过生命的最后时光。护理中心周围的环境清雅幽静，创造出使老年人、医护工作者及亲属都适应的生活空间。

环抱在农场中的护理中心，鸟瞰图

这座护理中心根据建筑的功能而建，布局清晰、简单。公共区域及员工工作区位于入口附近，从而确保所有房间享有高度的私密性。设计力求为护理中心营造出安全、温馨的氛围。在这里，老年人可以按照自己的意愿来装饰自己的房间。

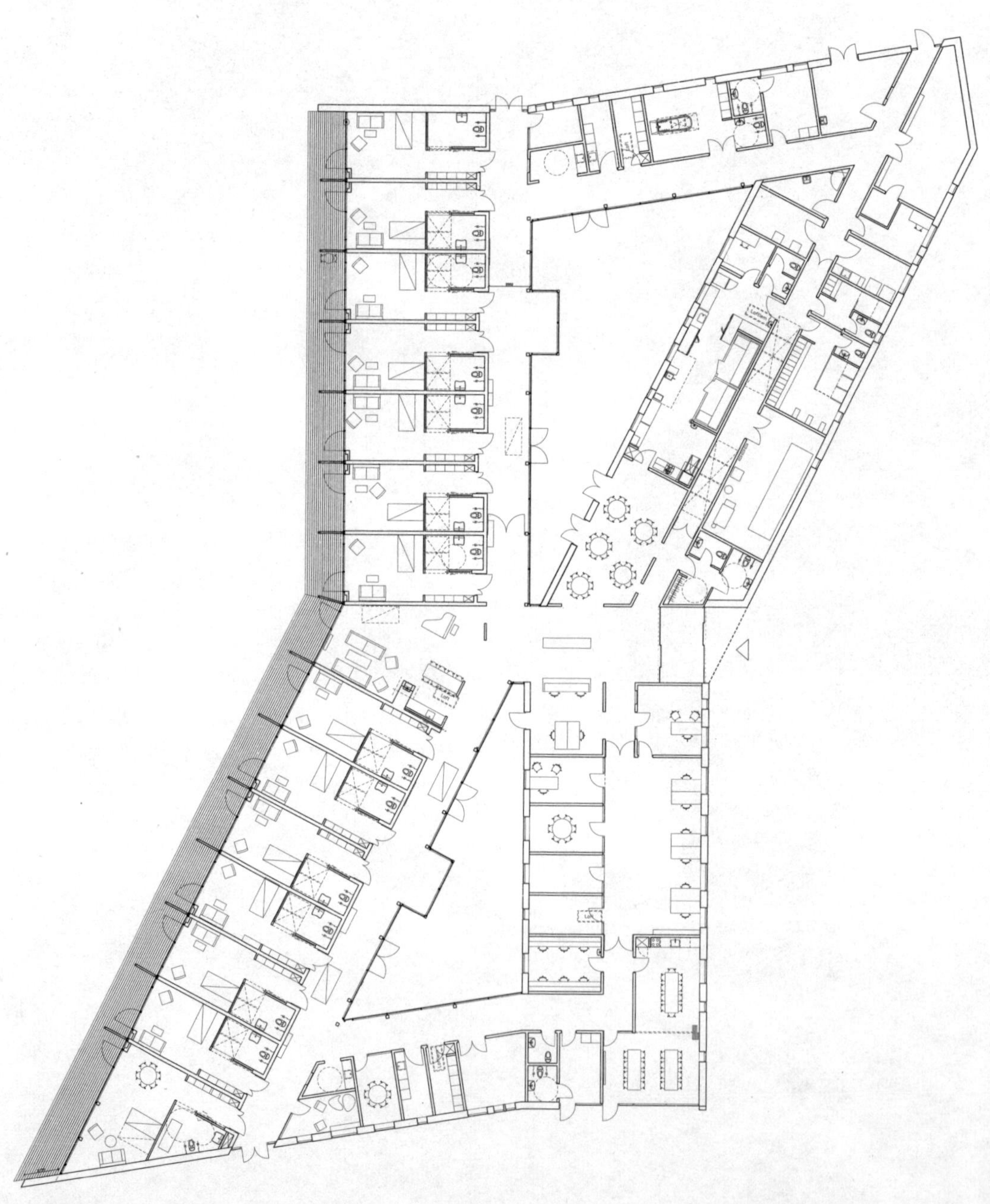

一层平面图

翼侧房间所面对的树木繁茂的庭院

推开房间的观景窗所面对的湖泊景观

护理中心周围的交通、邻里、环境要素

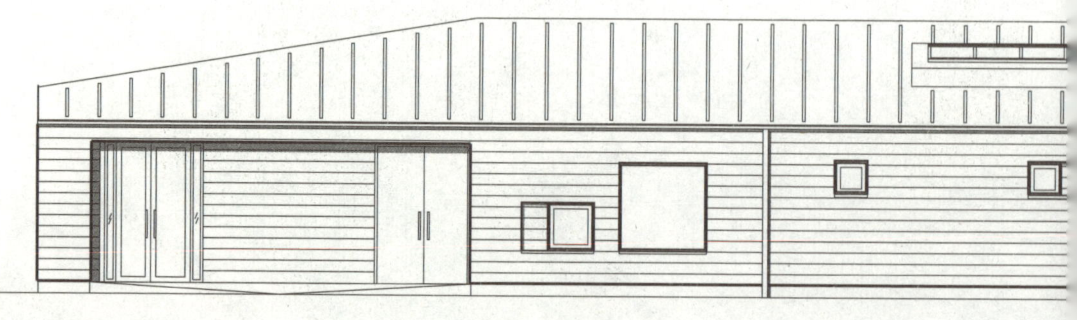

室外全景

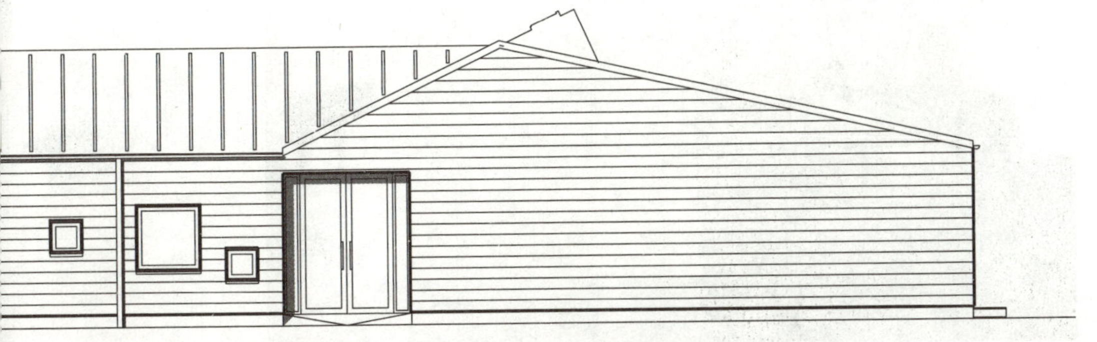

立面图

lilla og lange.
Månen træder frem. Den står i næ.
Jeg siger: "Nu må klokken være mange"
"Næh" sir Rosalina, "det er som'ren der er slut
Fra nu af bliver det efterår minut for minut"
Åh ja - åh ja, åh ja, åh ja.

Dagen bliver en skygge af sig selv.
Og solen afløst af en spinkel måne.
Men her er nu pænt alligevel.
Så inden vi går, bliver vi stående.
Vi er blevet ældre går det pluds'lig op for mig
Nu føles her lidt køligt på Hjortekjærsvej
Åh ja - åh ja, åh ja, åh ja

Jeg bliver trist og vemodsfuld hvert år
Omkring den tid hvor sommeren ender.
Erkendelsen af årene der går.
Et løvfald i livets kalender.
Jeg bliver ti år ældre på ti minutters tid
Og himlen bliver så dyster og månen gullighvid
Åh ja - åh ja, åh ja, åh ja.

Og mit liv passerer nu revy
Men kun de dumme ting kan jeg erindre.
Så bliver månen opslugt af en sky
Min modstandskraft bliver mindre og mindre
Jeg sir: "Rosalina, lad os hel're vende om.
Nu må vi ta' lidt hensyn til min alderdom."
Åh ja - åh ja, åh ja, åh ja.

Da sir Rosalina: "Ved du hvad -
Jeg glæder mig til efteråret kommer
Det har altid gjort mig stærk og glad
Jeg syns' jeg går i stå når det er sommer
Efterårets farver har glød og temperament -
Jeg føler mig som genfødt hver enkelt gang!
Åh ja - åh ja, åh ja, åh ja.
Fra mit hjerte falder tunge sten.

接待处与休息厅的功能关系紧凑

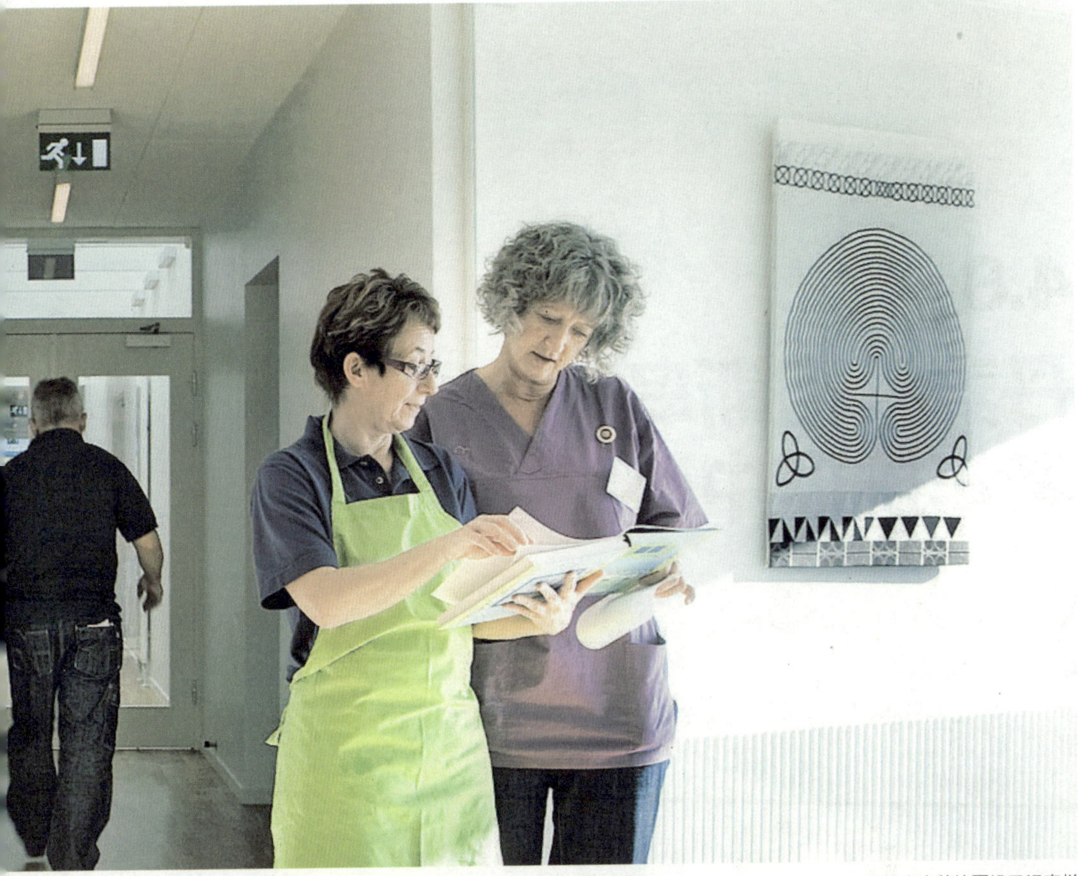

公共走廊的墙面设置记事栏

文化娱乐室

4.8

丹麦杜祖斯岛老年护理中心

项目名称：HOSPICE DJURSLAND
项目设计：C. F. Møller Architects
项目地点：丹麦，杜祖斯岛
客　　户：Den Selvejende Institution Ejendommen Hospice Djursland
层　　数：2 层
面　　积：1 990 m²
竣工时间：2011 年
摄　　影：Adam Moerk

杜祖斯岛拥有一座具有保守治疗设施的老年护理中心，可容纳 15 位患者。它坐落于风景优美之地，可俯瞰奥胡斯湾。该护理中心是一座融于景观的建筑，在设计中，建筑师尽可能地为患者提供优质的生活条件，提高他们的生活质量，使其在人生的最后时光获得至高的尊重。该中心是一座融于景观中的建筑，无论走到哪里，接待区、花园、中庭、休息室、冥想室、病房，都可观赏到美丽的风景。

弧形的外墙面形成了一个包容性的户外空间

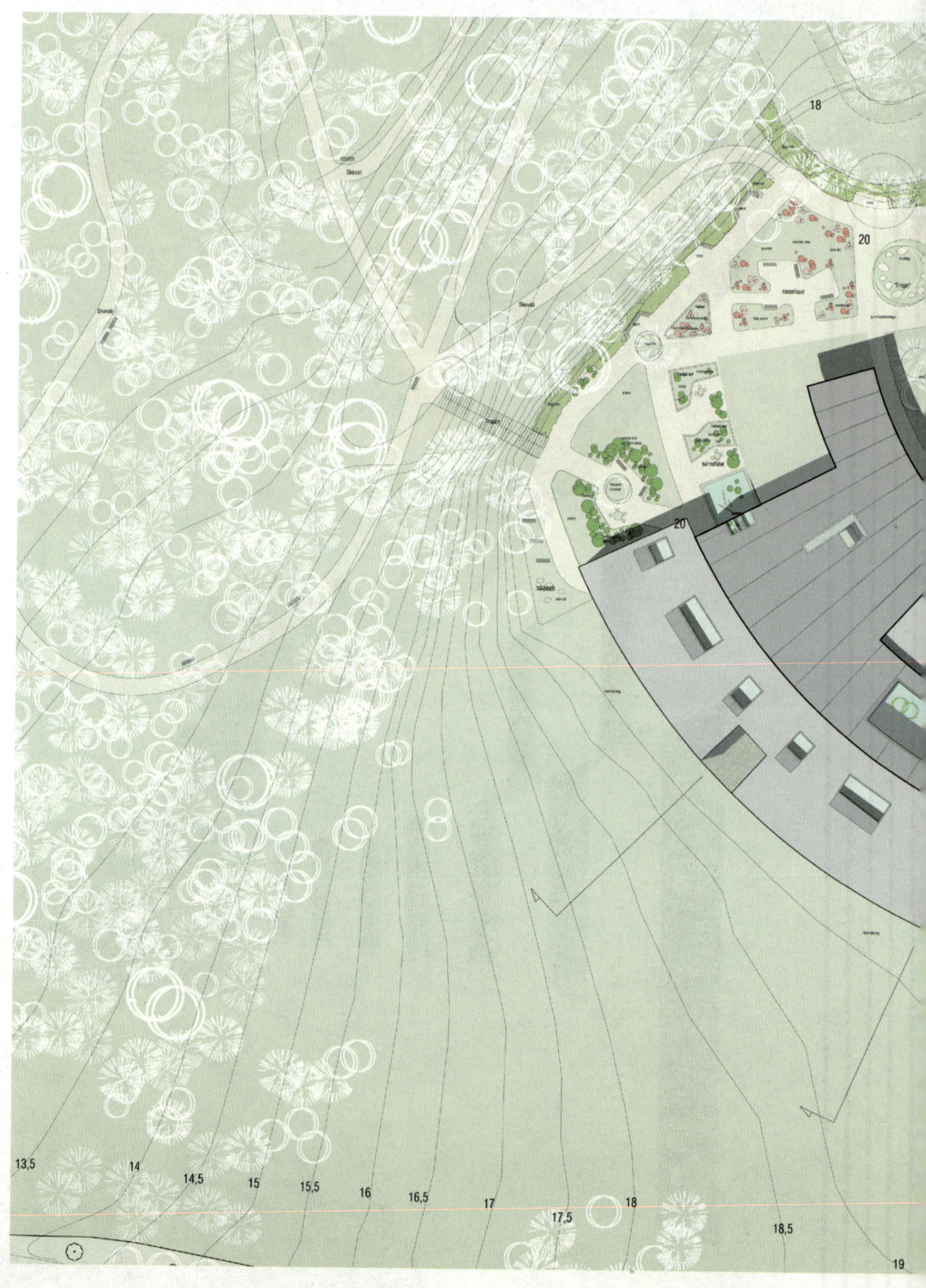
18
20
20
13,5
14
14,5
15
15,5
16
16,5
17
17,5
18
18,5
19

Strandvejen
19
20
Pers.parkering
32 p.pl.
Gæsteparkering
24 p.pl.
20
20
20
Skulpturhave
20
21
20
20,5
19,5

总平面图

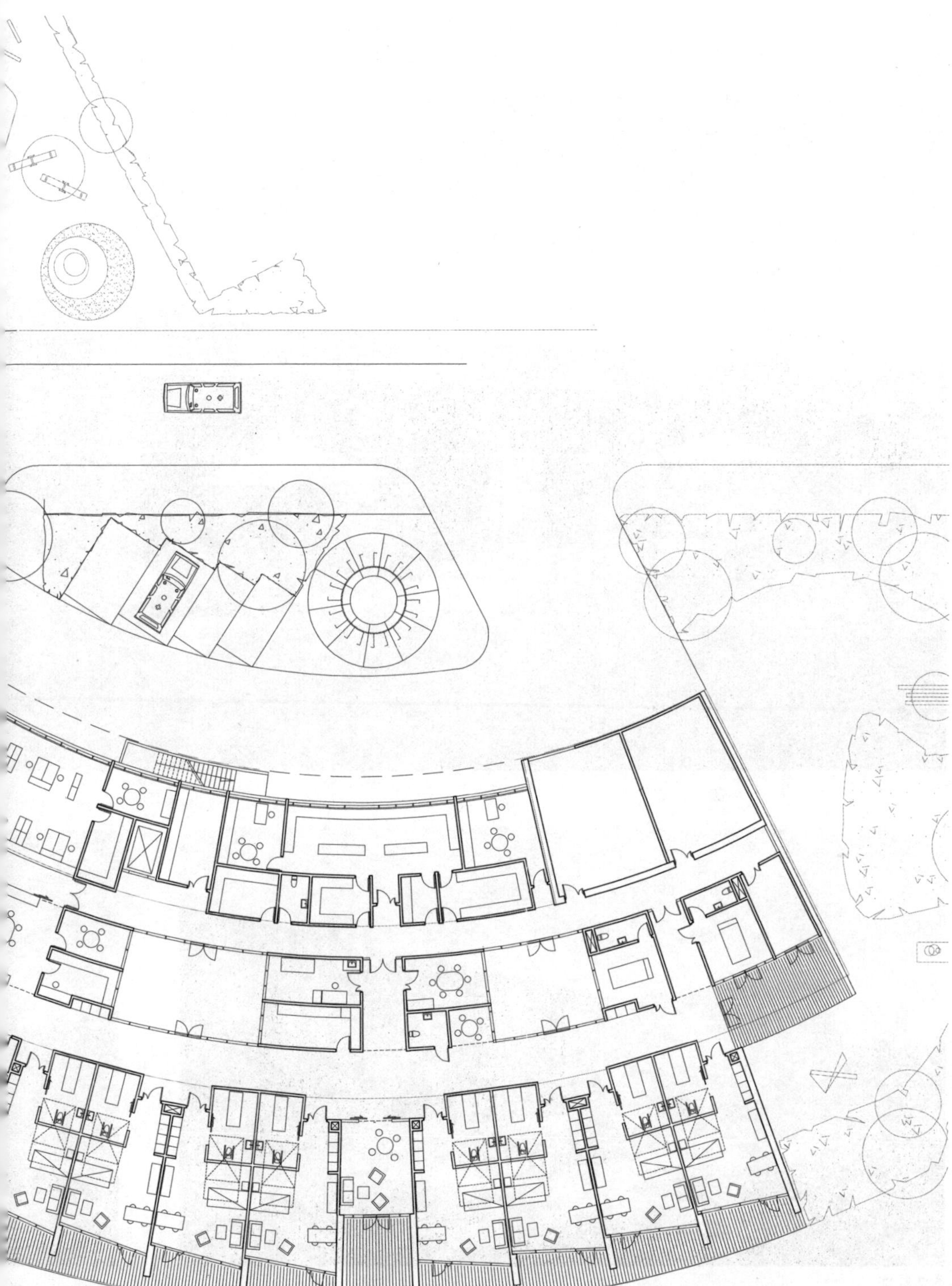

平面图

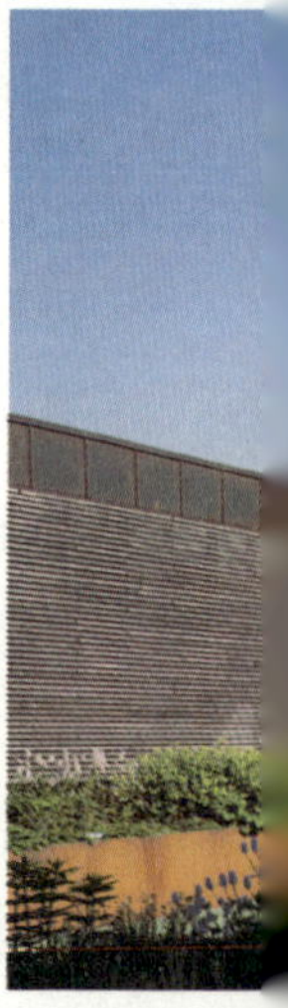

直角庭院

半圆形的布局加强了与户外景观的融合，形成了不同层次的观景空间

从直角庭院可眺望海湾

2650
4100
6135
独立型护理房间
浴室
11 m²
天窗
衣橱
6,5 m²
1660
书架
天窗
床头桌
住宿区
台灯
住宿区
30 m²
餐桌
沙发
露台

2650
4100
6135
独立型护理房间
浴室
11 m²
天窗
天窗
床头桌
餐桌
工作台

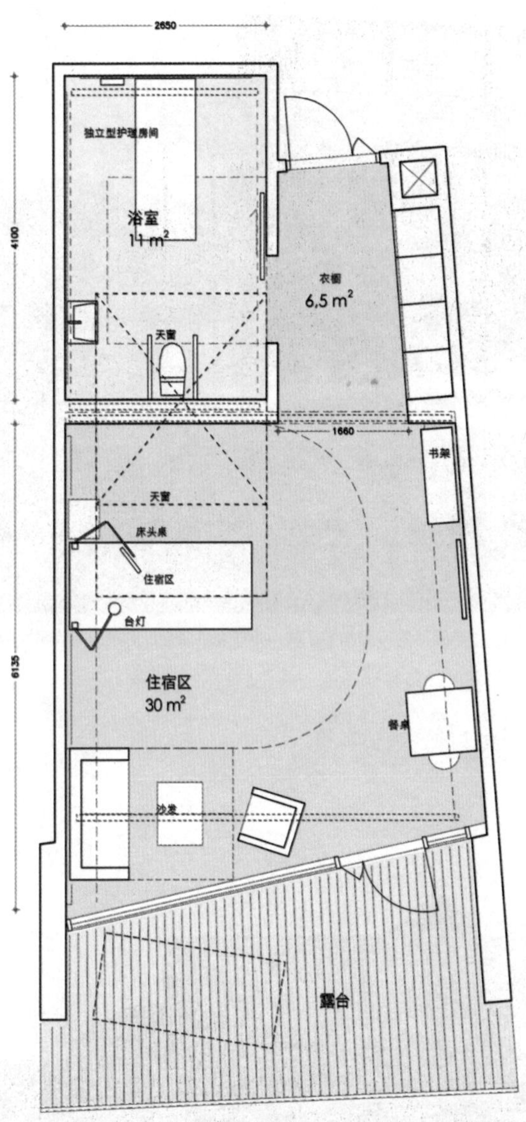

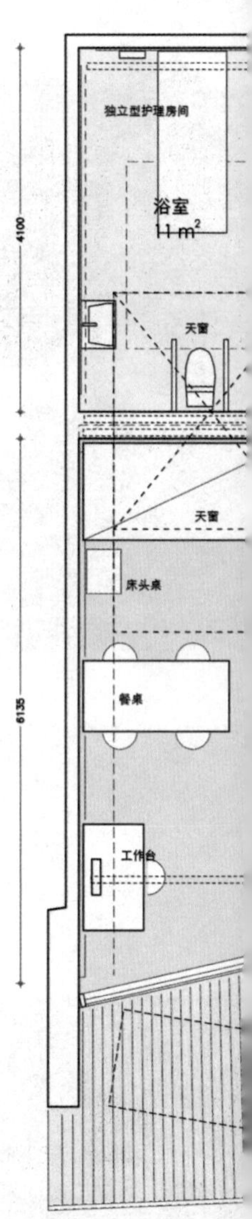

单元平面图 1

居住单元内根据需求设置不同的布置形式，大致分为居住区、洗浴卫生间、工作区、用餐区、休息区和休闲露台。搭配独特的天窗结构，营造出独特的室内光线效果。

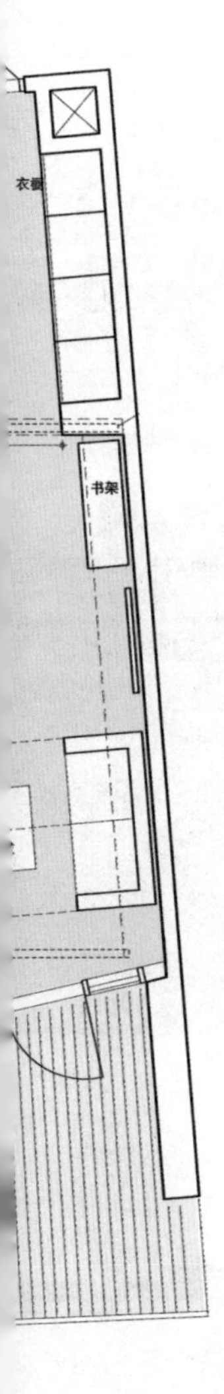

单元平面图 2

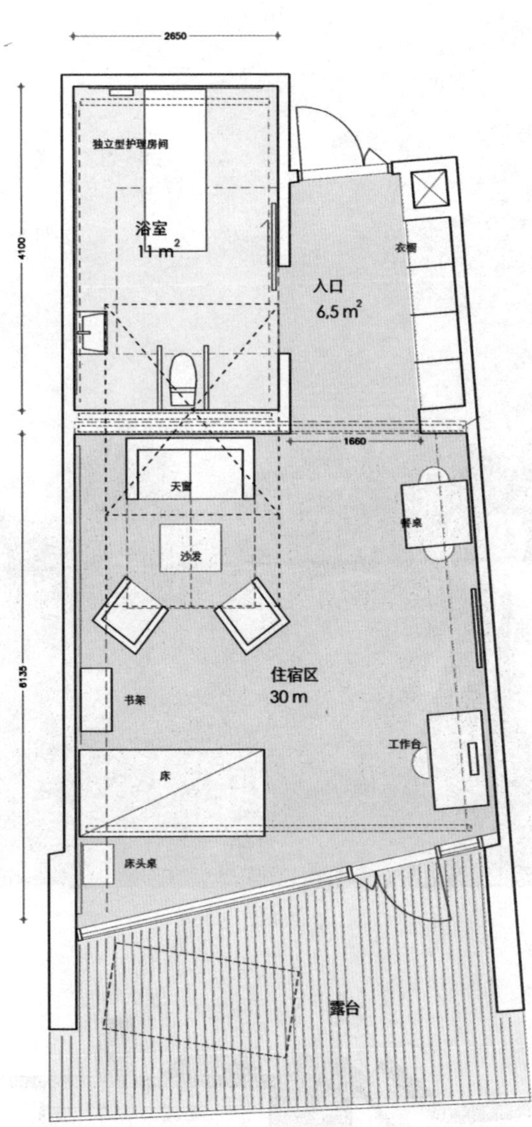

单元平面图 3

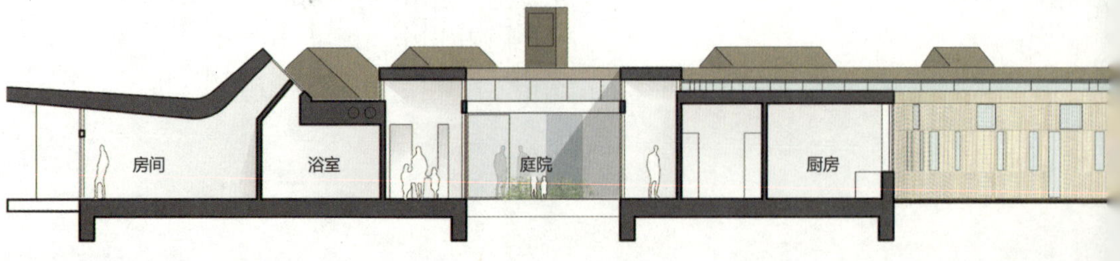
房间
浴室
庭院
厨房

半圆形布局全景

剖面图

室外中庭与阳光房结合的冬景花园

阳光明媚的室外冬景花园

阳光房的冬景花园

C. F. Møller 建筑事务所的景观部门负责设计周围的景观和公园。景观建筑师特别注重感官方面，如视觉、嗅觉、触觉、听觉，此外还加强了相互间的可达性，为老年人提供了舒适的景观环境。建筑师在室内设计上，应对弧形布局形式设计了一系列柔和的弧形家具和无障碍设施，并通过绿色的橡胶沥青表面融为一体。

该中心内建有冬景花园，花园内种满异国植物，如橄榄树、葡萄藤、月桂树和日本竹，使老年人能常年享受户外生活带来的乐趣，无论轮椅使用的老年人还是长期卧床的老年人都能够方便地来到冬景花园欣赏一年四季的美景。

在北欧的冬季，通过落地窗和天窗将自然光线引入到居室中

阳光透过冬景花园进入到走廊

弧形室内走廊营造出凹凸空间

可以眺望远处海湾的居室

居室位于建筑较为私密的区域，远离公共区域。每个居室都设有阳台，可俯瞰周围的风景。另外，采用屋顶天窗将阳光引入室内；在卧室和浴室上方的天花板上形成一个柔和曲线的天窗。建筑所使用的材料主要有铜、橡木、玻璃等，与周围景观形成完美、自然的互动，并在房间中营造出一种温暖的感觉。

阳光充足的室内居室与室外的休闲阳台

屋顶天窗

4.9

芬兰普基拉奥尼福利中心

项目名称：WELFARE CENTRE ONNI
项目设计：L&M Sievänen Architects Ltd
项目地点：芬兰，普基拉
客　　户：普基拉市政府，奥尼·努尔米基金会
建筑面积：3 250 m²
层　　数：1 层
竣工时间：2008 年
摄　　影：Jussi Tiainen, L&M Sievänen

普基拉是一座位于芬兰南部的小城，约有 2 000 人口，距离赫尔辛基 100 km。奥尼福利中心的建立源于一个名叫 Onni Nurmi 的人，他出生在普基拉，并且早年居住在这里。根据他的遗嘱，将个人资产（包括持有的诺基亚股份）全部投入到普基拉地区老年人的文化娱乐、休闲养老等设施建设中。2008 年成立了这个福利中心。

该福利中心为有生理缺陷的残疾老年人提供免费住房，为有记忆障碍的老年人提供集体住房，并为全市居民提供医疗中心、康复中心和公用设施，丰富了位于普基拉中心的集市广场周围建筑，给这个城市中心带来全新的面貌。福利中心坐落于普基拉的中心，超市、药店和公共服务行业均集中分布在此，减少了居民的交通成本，促进了生态环保。同时，居民使用这些服务设施的时候，也可以顺便看望老年人，而且为福利中心的工作人员提供了物资补给的方便。

采用石砌围墙界定出与市区的道路关系

总平面图

芬兰木屋风格的建筑搭建在石砌台地之上

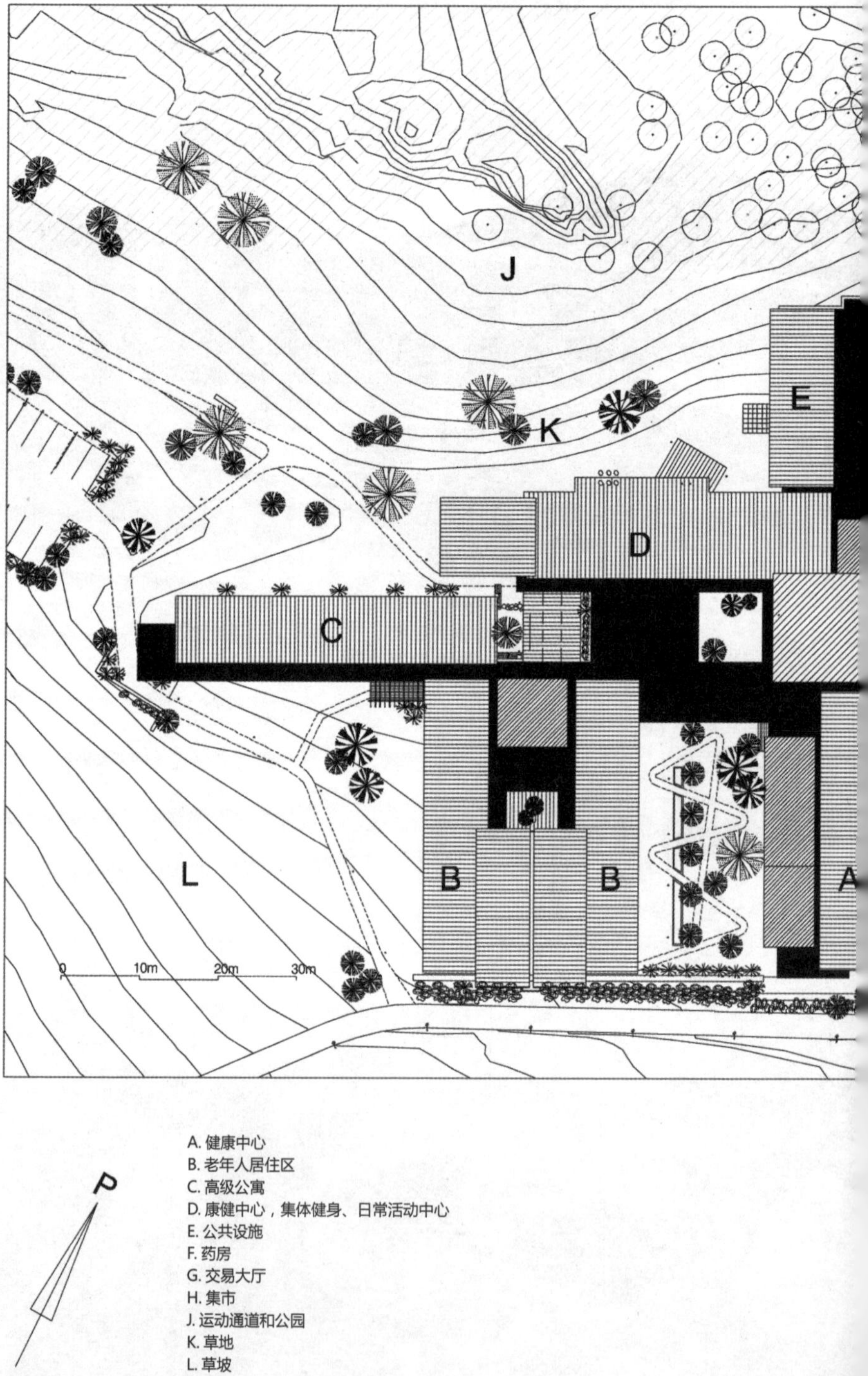

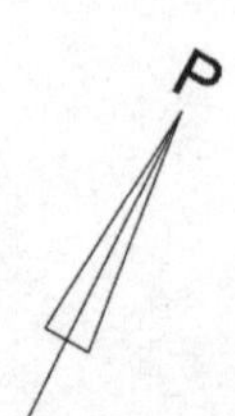

A. 健康中心
B. 老年人居住区
C. 高级公寓
D. 康健中心，集体健身、日常活动中心
E. 公共设施
F. 药房
G. 交易大厅
H. 集市
J. 运动通道和公园
K. 草地
L. 草坡

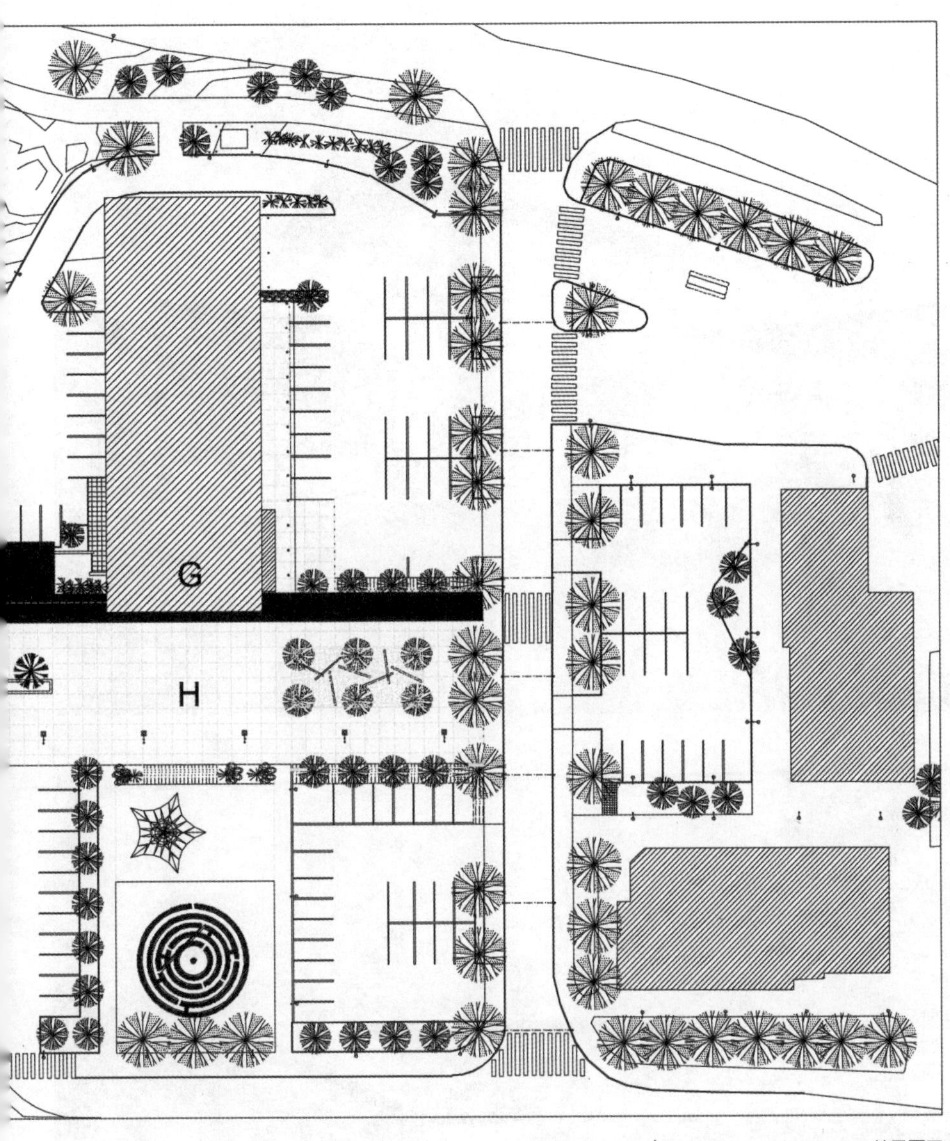

总平面图

两个含有 7 ~ 8 个房间的集体住房拥有各自的客厅与餐厅，既可以单独使用，也可以将移动的墙壁打开合并成一个大空间。各房间包括浴室在内面积为 24 ㎡。另外，还设有公共的桑拿浴室、洗衣房和个人的小型办公室。与集体住房相邻的 5 个服务性公寓（38 ㎡），有各自的露台，可供独立生活使用。需要时，这些服务性公寓还可以和集体房直接连在一起使用。

休闲日光浴花园

风雨走廊与集市广场的休闲区相互渗透

在集市广场休闲的老年人

集市广场休闲区实景

1. 餐厅
2. 日式花园
3. 服务台
4. 健康中心
5. 牙科诊所
6. 母婴诊所
7. 居住区户外空间
8. 居住区
9. 内部庭院
10. 高级公寓
11. 户外疗养区
12. 物理治疗
13. 会议室
14. 疗养池
15. 桑拿浴
16. 俱乐部房
17. 健身房
18. 集体健身厅、集会厅、电影院
19. 员工设施
20. 公共设施
21. 药房
22. 户外咖啡厅

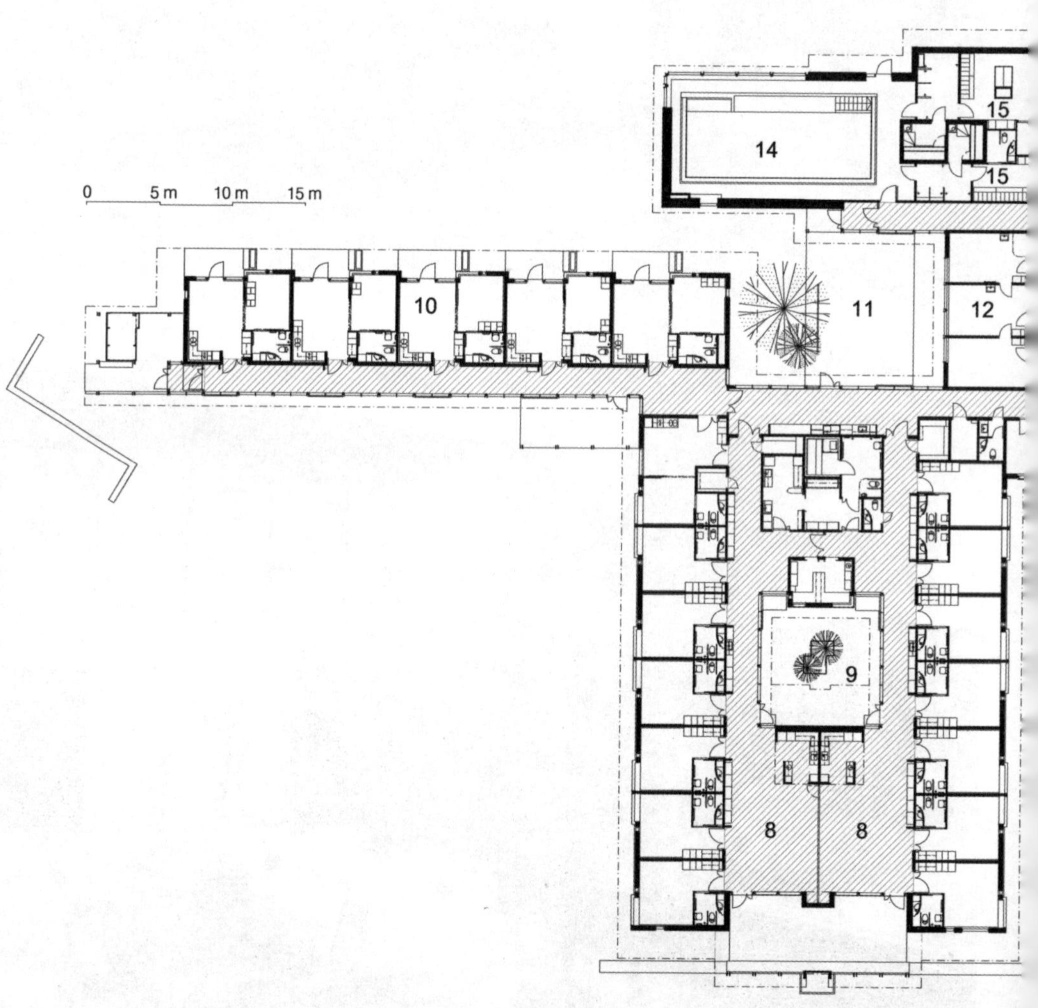

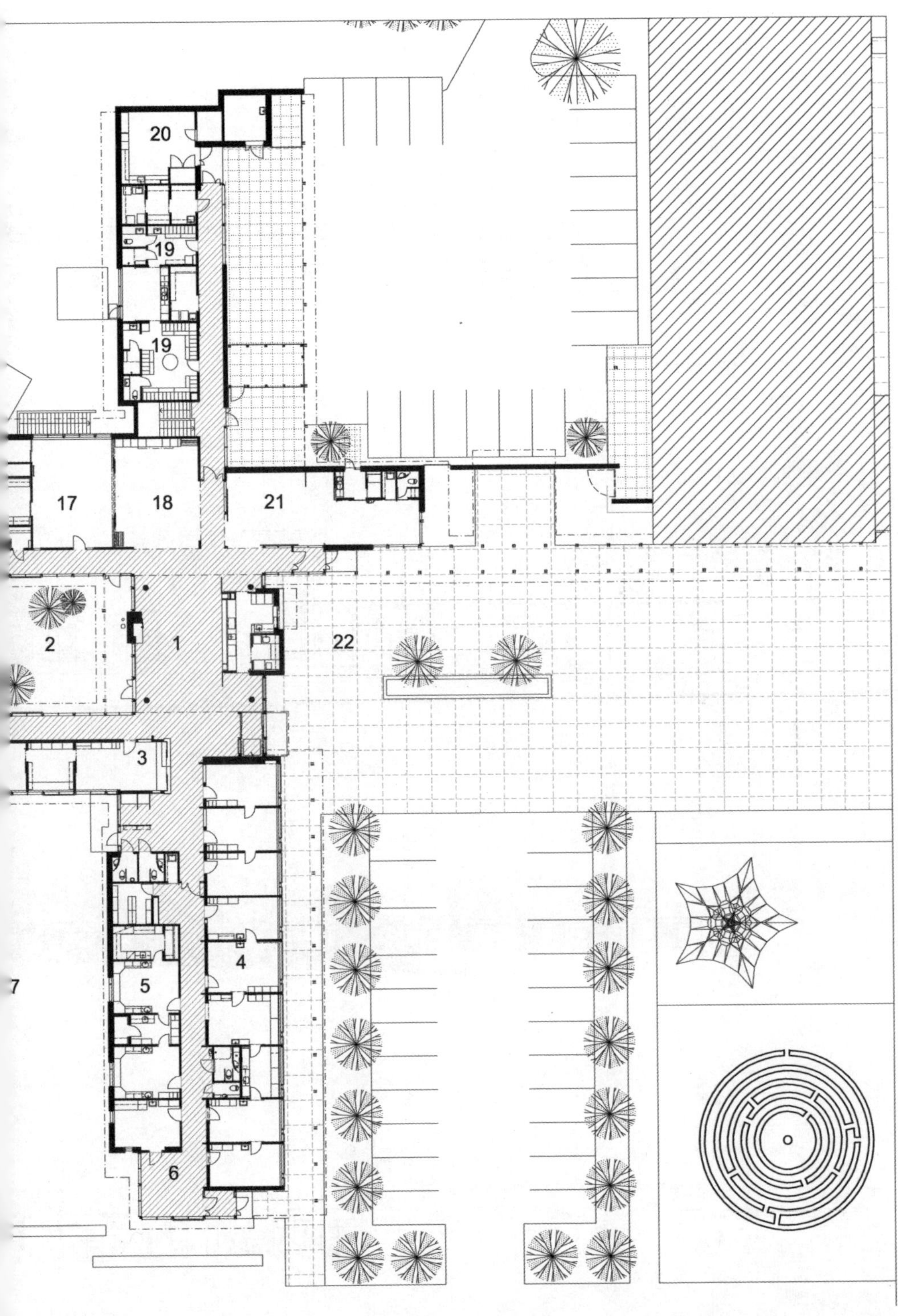

一层平面图

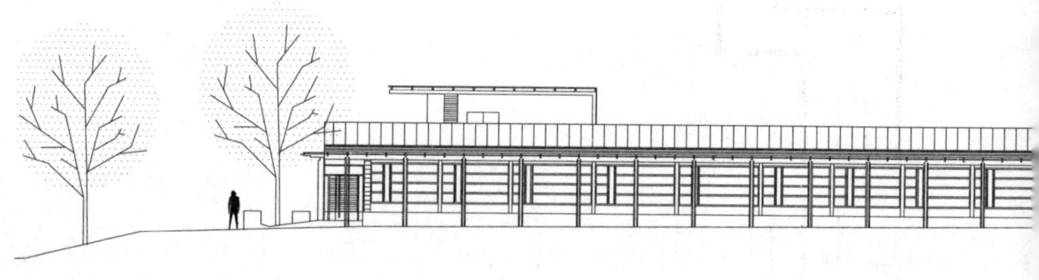

东北立面图

NORTH EAST FACADE

西南立面图

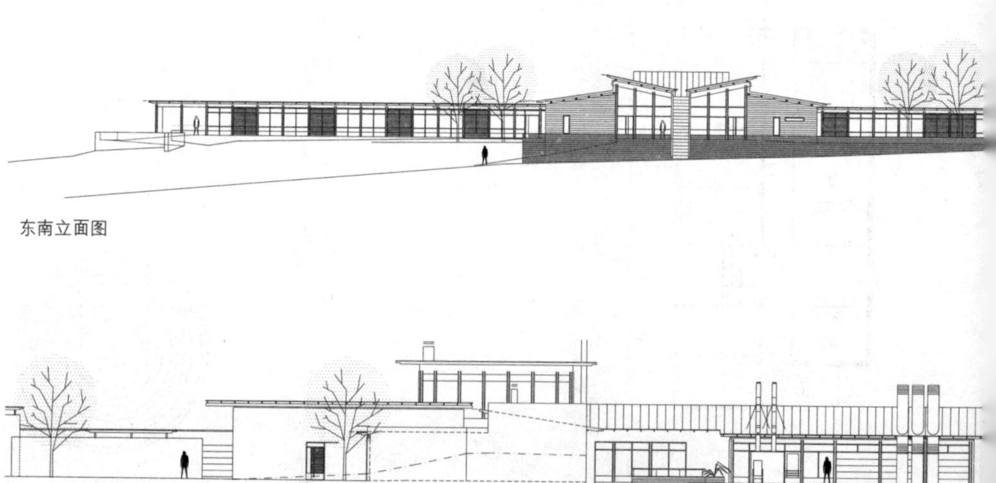

东南立面图

西北立面图

0
5 m
0
5m

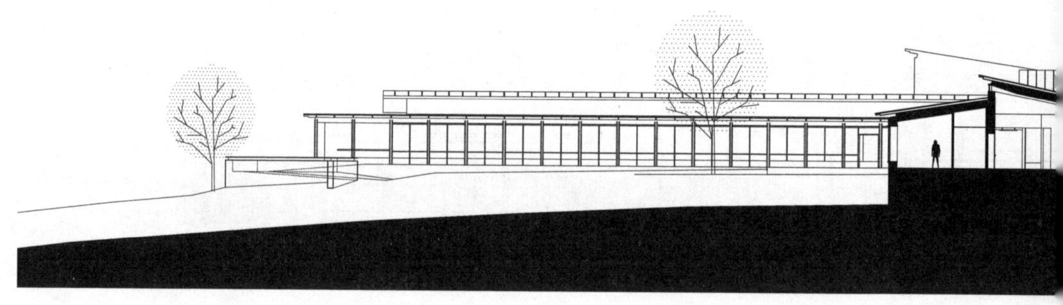

剖面图 1

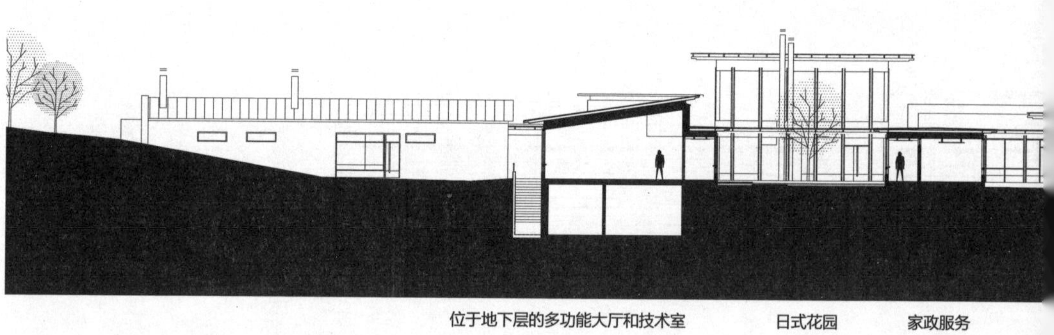

剖面图 2

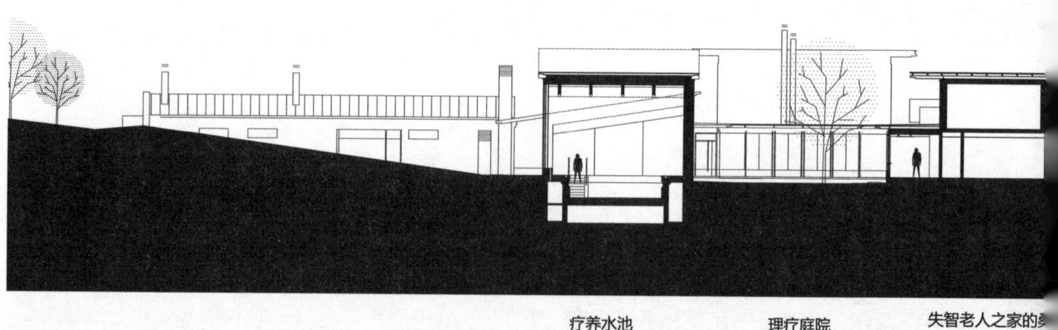

剖面图 3

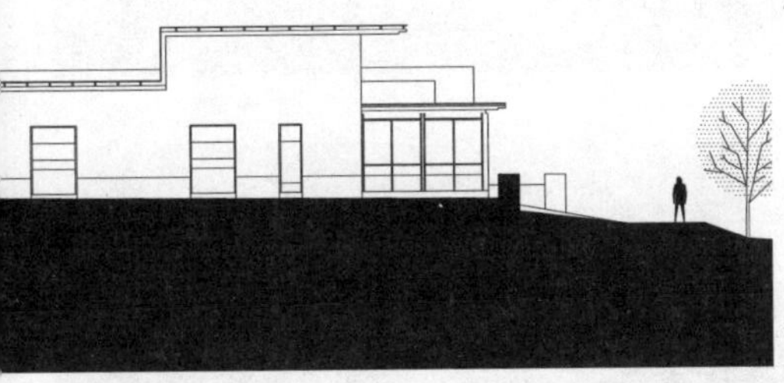

在奥尼福利中心周边区域，除了集市广场，还有许多庭院和花园。集市广场分为 3 个区域：零售区、室外喷泉和一个石砌的院子，院子里是搭着木板支架的植树区，这里还有可供儿童玩耍的攀爬网和捉迷藏的树篱迷宫。

居住区与室外景观 1

居住区与室外景观 2

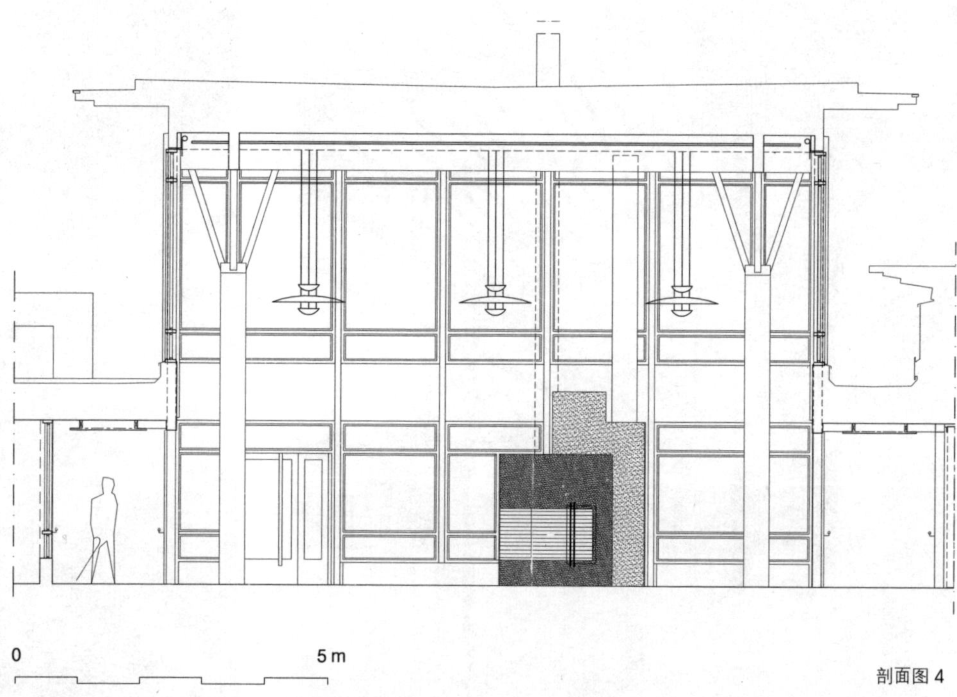

剖面图 4

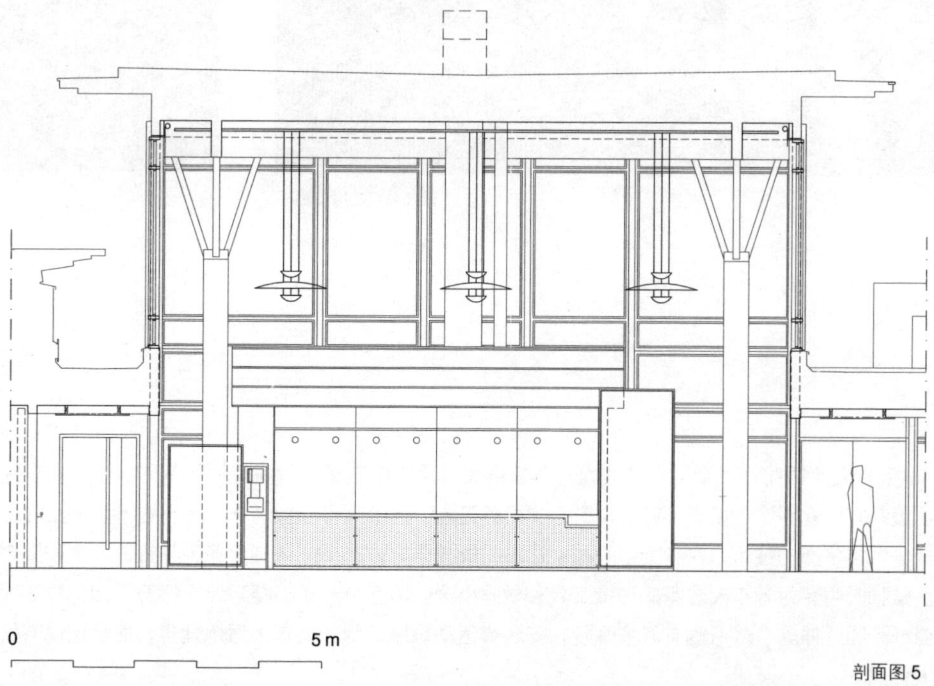

剖面图 5

日式风格的缘侧通廊

日式花园位于咖啡馆的后方，这里是一处安静地享用咖啡或茶、欣赏美丽风景的好地方。在建筑的不同位置都可以看到这个花园。庭院里有一个疗养花园，治疗师可以教老年人练习在不同的路面上行走并使自身保持平衡的技巧。在健康中心和记忆障碍康复中心，有一个种植着各种花卉、灌木和果树的植物园。植物园中有为老年人准备的种植工具和林间小道。附近有一条小路起始于疗养花园，并继续向附近的森林公园延伸。小路沿侧有许多庭院，安装有运动设施，帮助老年人锻炼健身，而且还设有长椅供老年人休息。

日式风格的植物园

将枯山水园林作为恢复老年人机能的场所

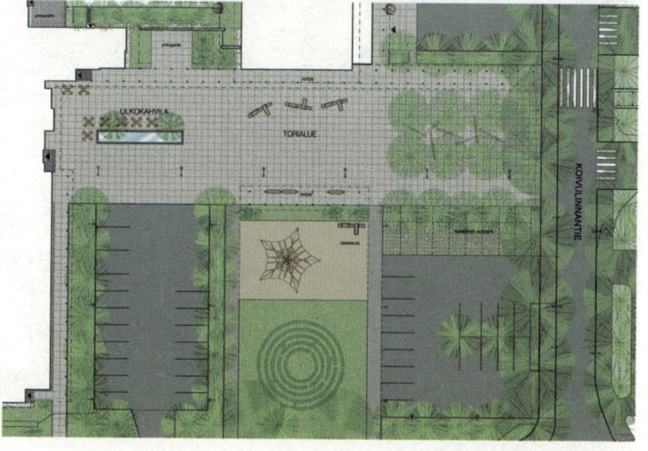

集市广场景观布置平面图

中庭休息区实景 1

中庭休息区实景 2

层高的变化增添了多功能厅的层次感和趣味性

建筑表面丰富多变，大面积的玻璃材质与石质墙体结合，附以木材装饰，加强了纵、横向的立面分割，使室内达到温和的光影变化效果，室内功能空间分区明确，不同的层高变化增添了建筑的层次和趣味。

室内公共大厅柔和的色彩和光影效果

休息大厅通过纵横平面、立面分割使空间变化丰富

变化丰富的一角

木制装饰材料的更衣室，光线温暖、柔和

公共淋浴区设置横向、纵向扶手

深色的马桶盖便于老年人识别

针对老年人的需求特点，走廊两侧墙面色彩、配件布置不同

不同色彩的窗帘便于老年人根据不同需求使用

这座建筑设计的基本原则始终是为了支持老年人独立活动，使他们自由地进出各个地方，并利用色彩和木质材料营造一种怡人的居住环境。另外，建筑设计中也考虑到建筑的多种用途及布局的灵活性。

观景微型游泳池 1

观景微型游泳池 2

4.10 芬兰乌尔丽卡·埃利诺拉 Loviisa 养老院

项目名称：Ulrika Eleonora Home for the Elderly
项目设计：L&M Sievänen Architects Ltd
项目地点：芬兰，Loviisa
客　　户：Loviisa District Service Home Foundation
建筑面积：1 950 m^2
层　　数：1 层
竣工时间：2002 年
摄　　影：Jussi Tiainen，Mikael Anttila，Sievänen

Loviisa 位于赫尔辛基东 100 km 处，是芬兰南海岸上的一个小镇。1999 年，Loviisa 区公益之家基金会携手 Loviisa 市 STAKES（国家福利与健康研究开发中心）、老年人护理中心组织共同举办了一次建筑竞赛，旨在竞标由 56 个单元组成的老年服务公寓项目，竞标方案要将原有的 Ulrikakoti 养老院融入新设计之中。Ulrikakoti 养老院主要是一栋建于 20 世纪的两层木构建筑。建筑两侧各有一个相互对称的侧翼，一个用来贮存，另一个是 Ukkola 男士住宅区。Ulrikakoti 养老院的主建筑具有十分重要的历史意义，受区域规划条例的保护。

北欧气候下的红黄色彩对比，烘托出温暖的氛围

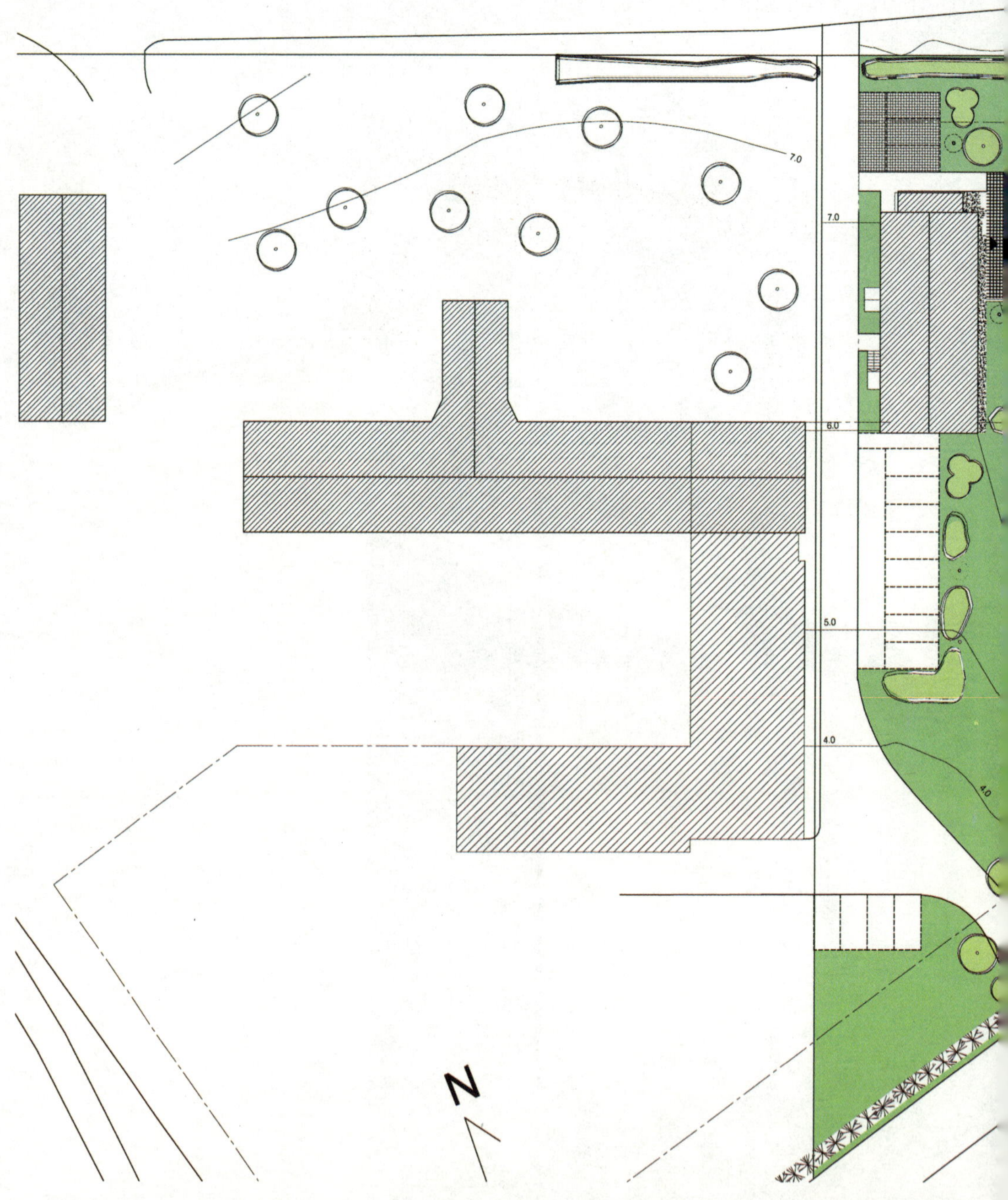

本项目设计要求之一，是在尊重建筑的前提下，延续 Loviisa 小镇的木构建筑传统风格。此外，设计目标是尽可能扩建原有建筑，这样，原主建筑的体量得到有效的保护，两侧对称的侧翼结构布局也不会被打乱。要求二，打破原有主建筑的结构布局，这样就避免了格式化的设计。建筑最终是一个由多个小型建筑单元组成的“村落”式的布局。这个村落中有带露台的半独立住宅，也有低层的公寓建筑。

总平面图

两组黄色的集体住宅通过红色桑拿房连接

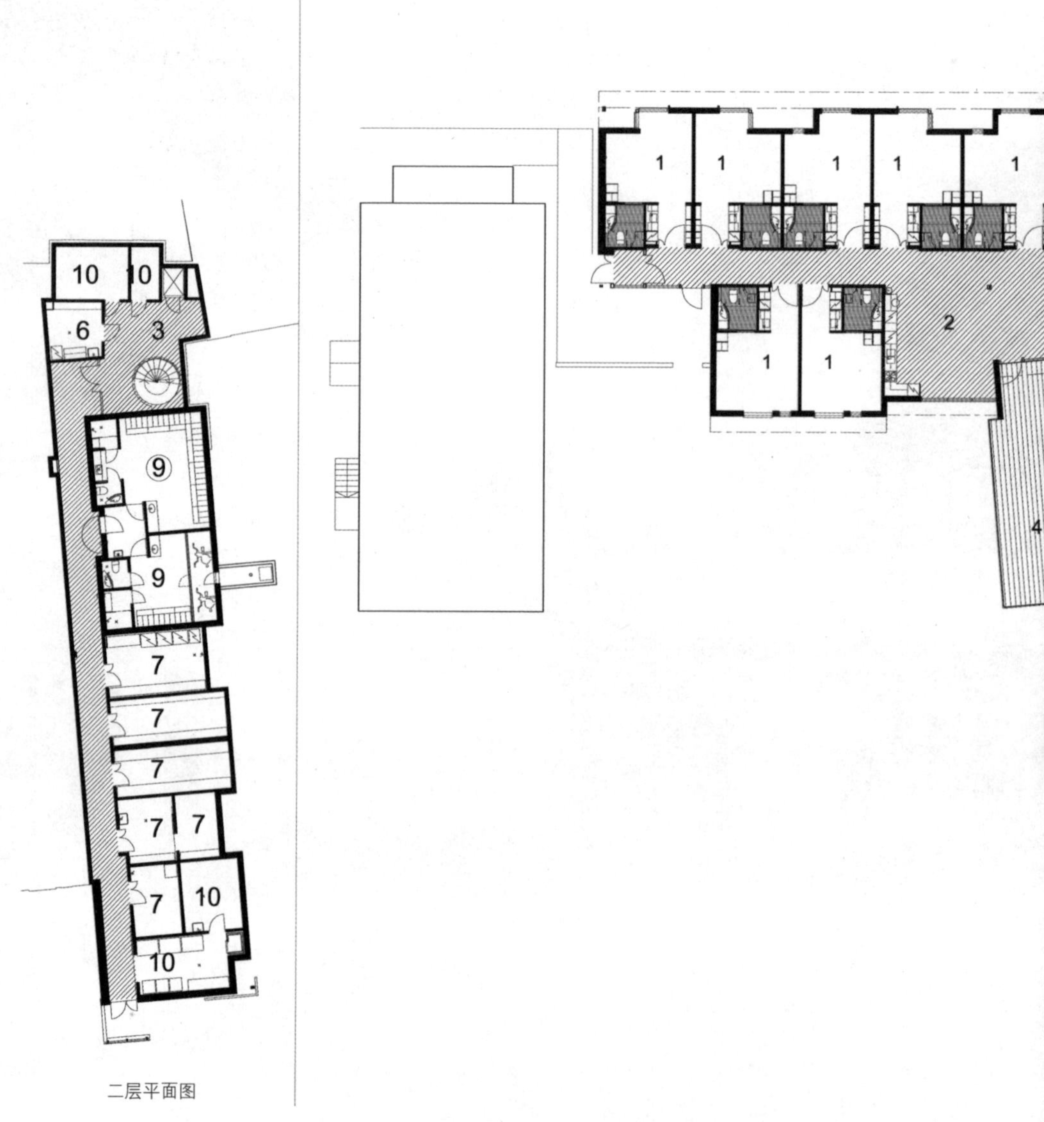

二层平面图

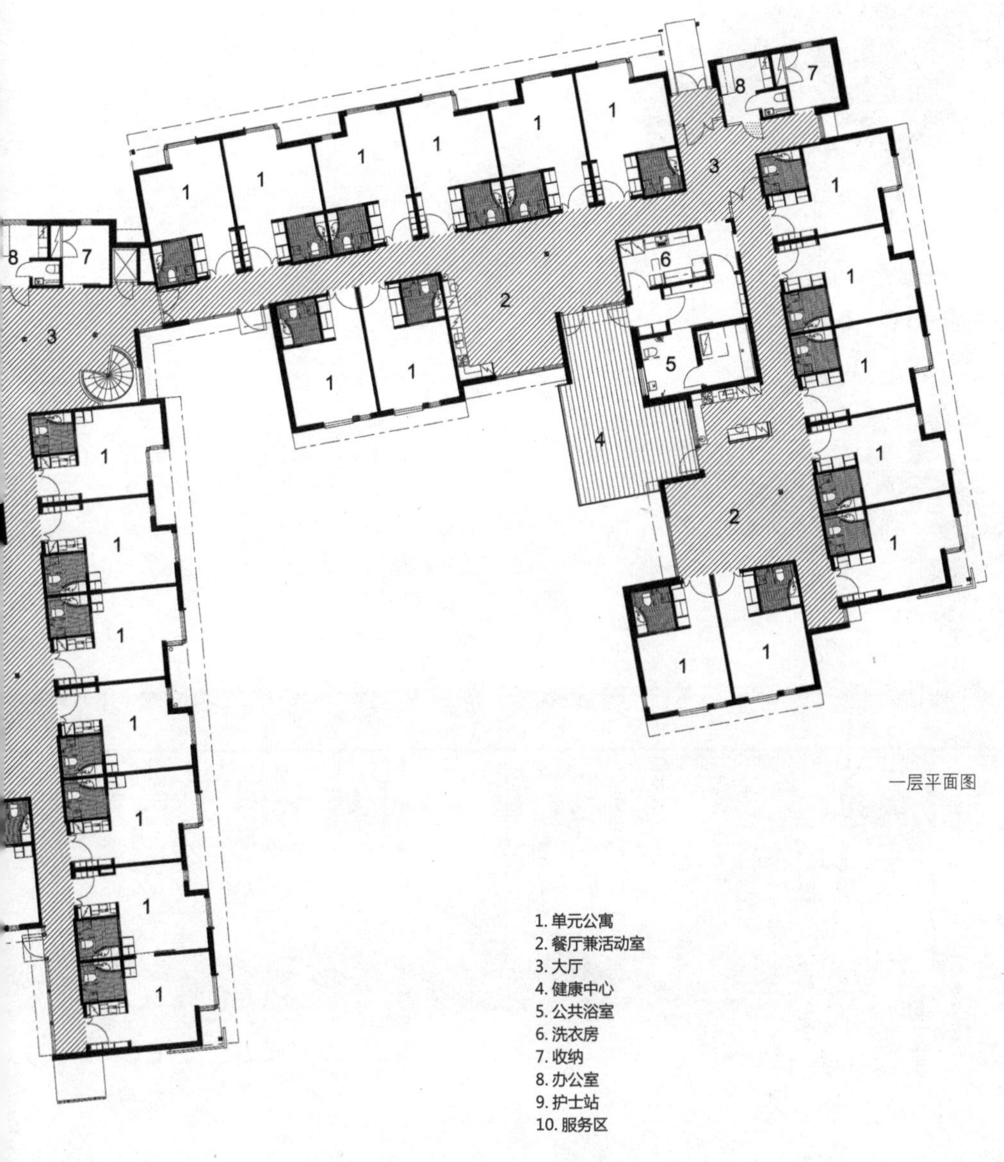

从功能角度出发，项目为体弱多病或患有痴呆症的老年人设计了集体住宅，每个单元可容纳 7~9 名居住者。集体住宅就像一个大家庭，老年人得到护理人员的精心照料。每个居住者都有独立的房间，房间门朝向集体生活区和餐厅。公共区域最大限度地采用开放式设计，因此居住者既可以参与护理人员的活动，也可以与其他居住者交流。两组集体住宅通过公共的中庭、家用电器室和桑拿房连系起来。

老年人日光浴的室外木制平台面向养老院的居住区和办公区

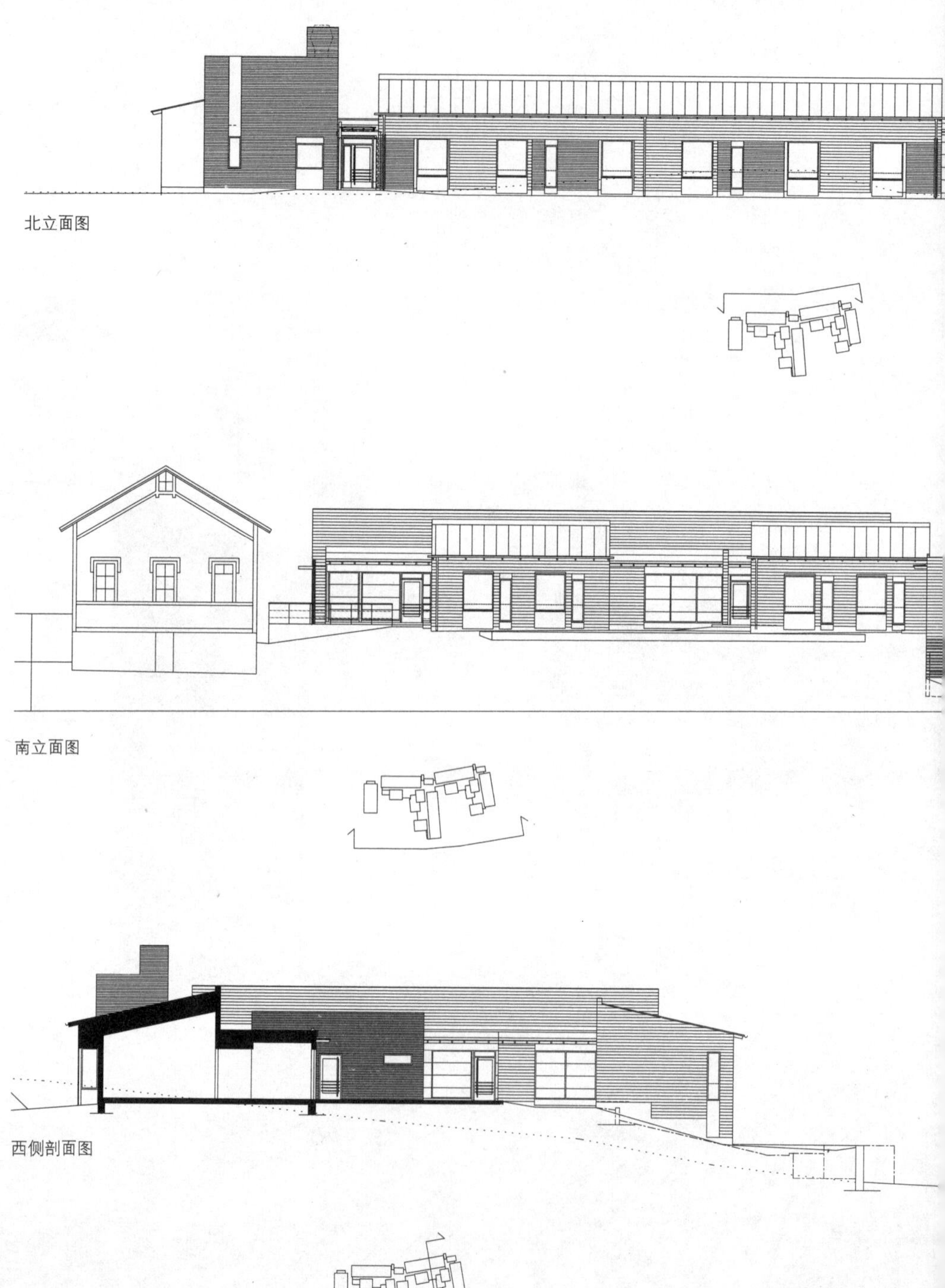

北立面图

南立面图

西侧剖面图

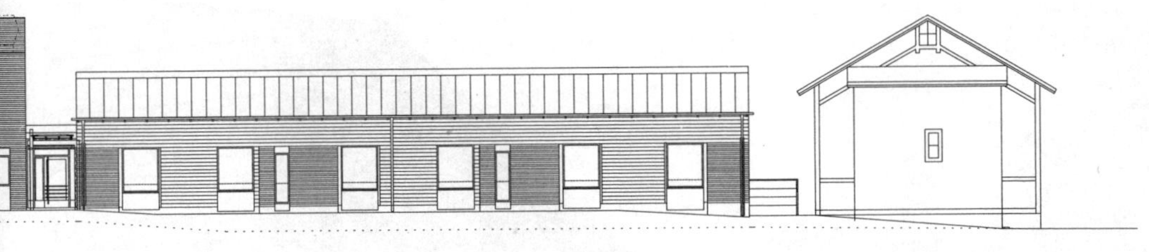

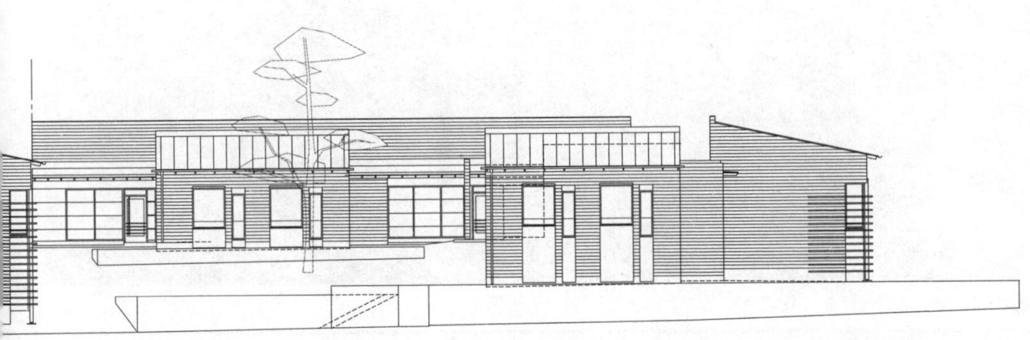

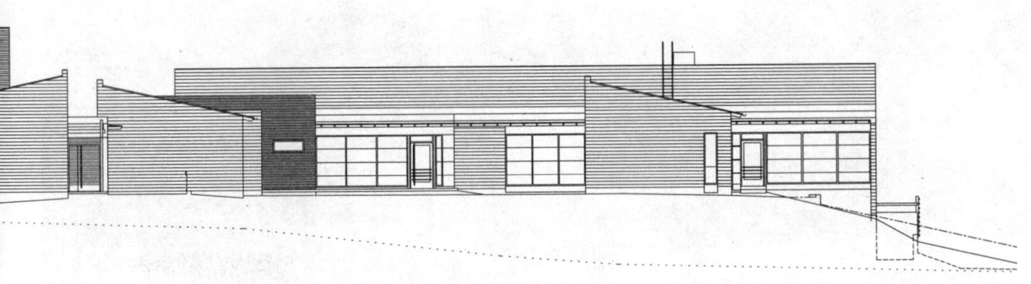

西立面图

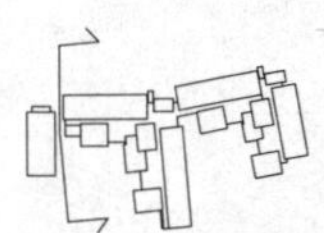

蜿蜒曲折的建筑布局与自然地势相呼应

居住区、办公区、桑拿房布局顺势而就，错落有致

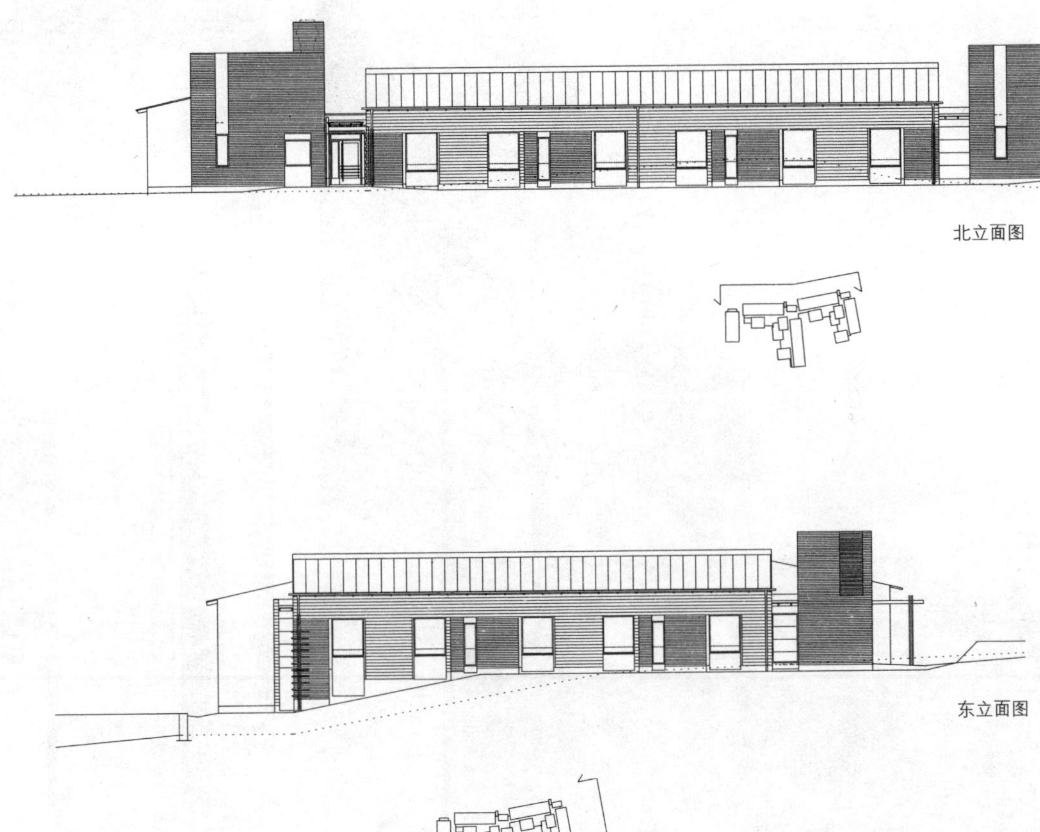

该项目的设计目的之一是延续小型建筑风格和亲切宜人的街景。为了让道路街景像之前一样呈现出曲折蜿蜒的效果，建筑的扩建部分被削减了一部分，以便形成街角景观。充分考量建筑场地的扇形、阶梯式地形，这一相当大的建筑综合体与建筑地形紧密契合。办公区与入口相连，与室外中庭相连的桑拿区在整体建筑群中清晰可见。办公区与桑拿区的颜色也使它们在其余的建筑体中独树一帜。

保留原始树木

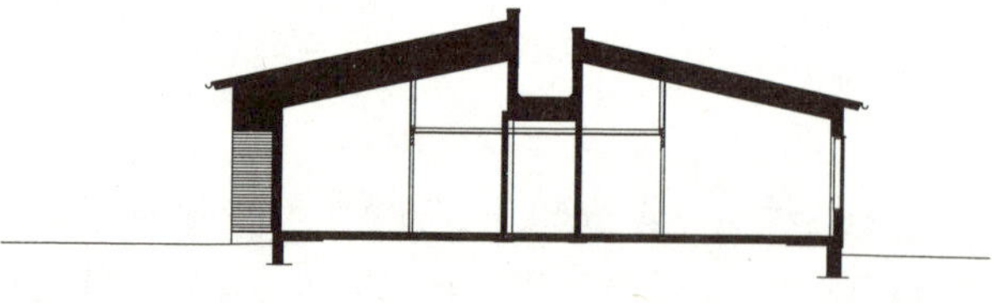

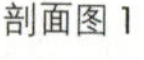

剖面图 1

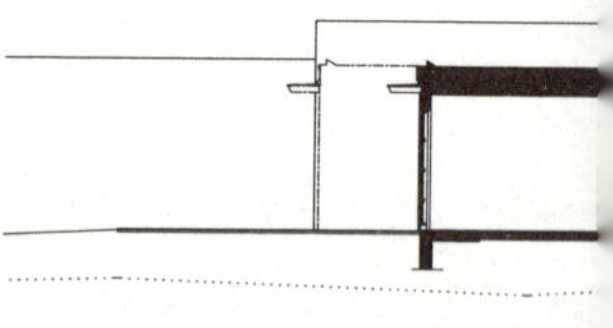

剖面图 2

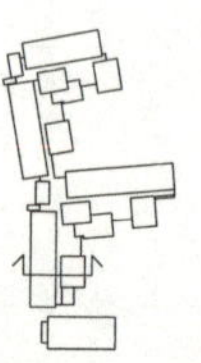

黄、红色彩元素组成了一个居住单元

源自于室内空间合理布局的外立面效果

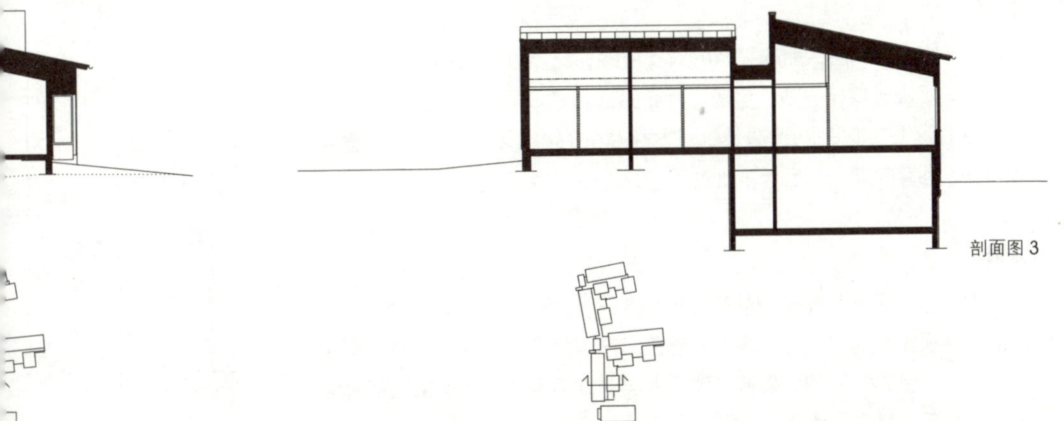

剖面图 3

木制彩板营造出温馨的入口空间

外立面设计

采用当代的表现手法，而非强烈的对比主题，让新建筑与场地环境相统一，与当地景观和传统相一致，这是设计希望达到的效果。建筑大部分为木构，Loviisa 地区长期以来的建造传统对本项目的影响从建筑外铺装（宽大的木板铺装、油漆工艺、颜色等）上便可一目了然。

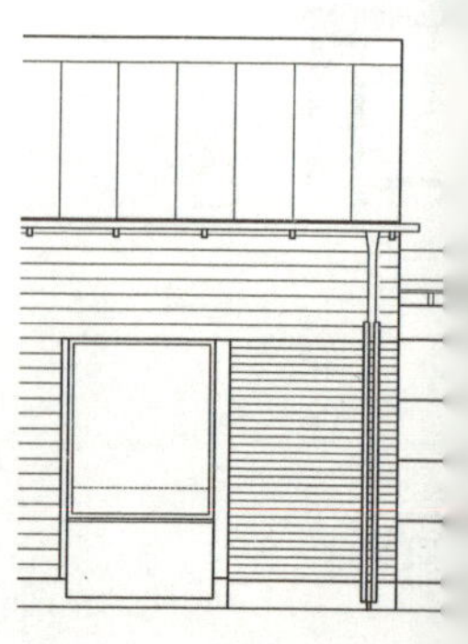

室内装修

室内装修也大量采用木材，因为想要营造一种温暖而多彩的室内环境，以便营造一种居家生活的气息。建筑外部色彩与内部色彩相呼应，通往居住单元的入口通过色彩木板加以强调。建筑内部，家用电器室和桑拿区都采用彩色木板，娱乐室柱子和梁也用色彩来区分。

具有表现手法的立面形式与景观相呼应

立面图

壁橱底部凹入的整体厨房，减少老年人脚下障碍

连接两组居住区的缓冲空间

可以自由组合的居住单元

内外视线通透良好的入口空间

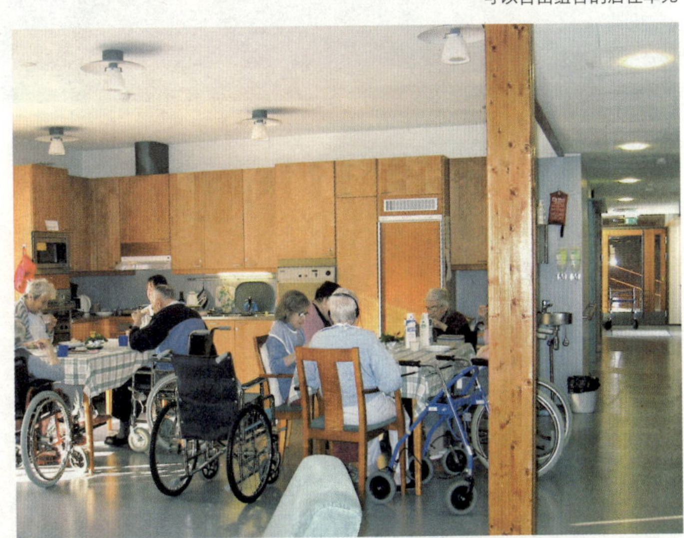

开放式的餐厅无障碍，受到老年人的欢迎

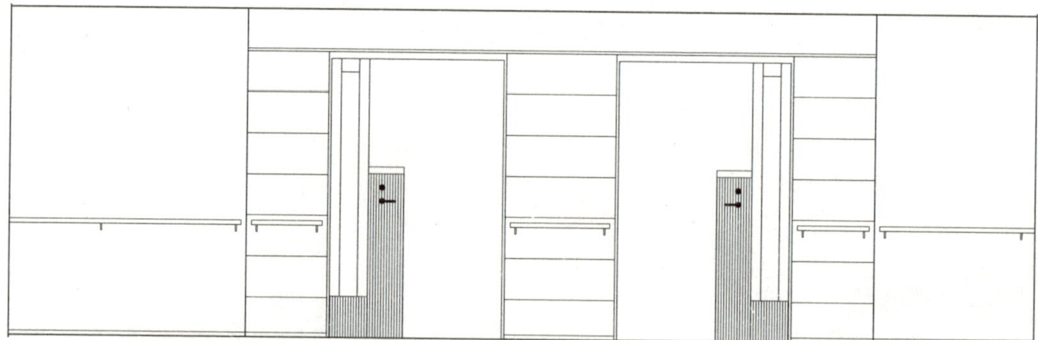

剖面图

可自主调节室内外可见度的房间门

门把手的高度尽量设在老年人平视视线范围内

室内的各种构件通过色彩来划分，便于老年人识别

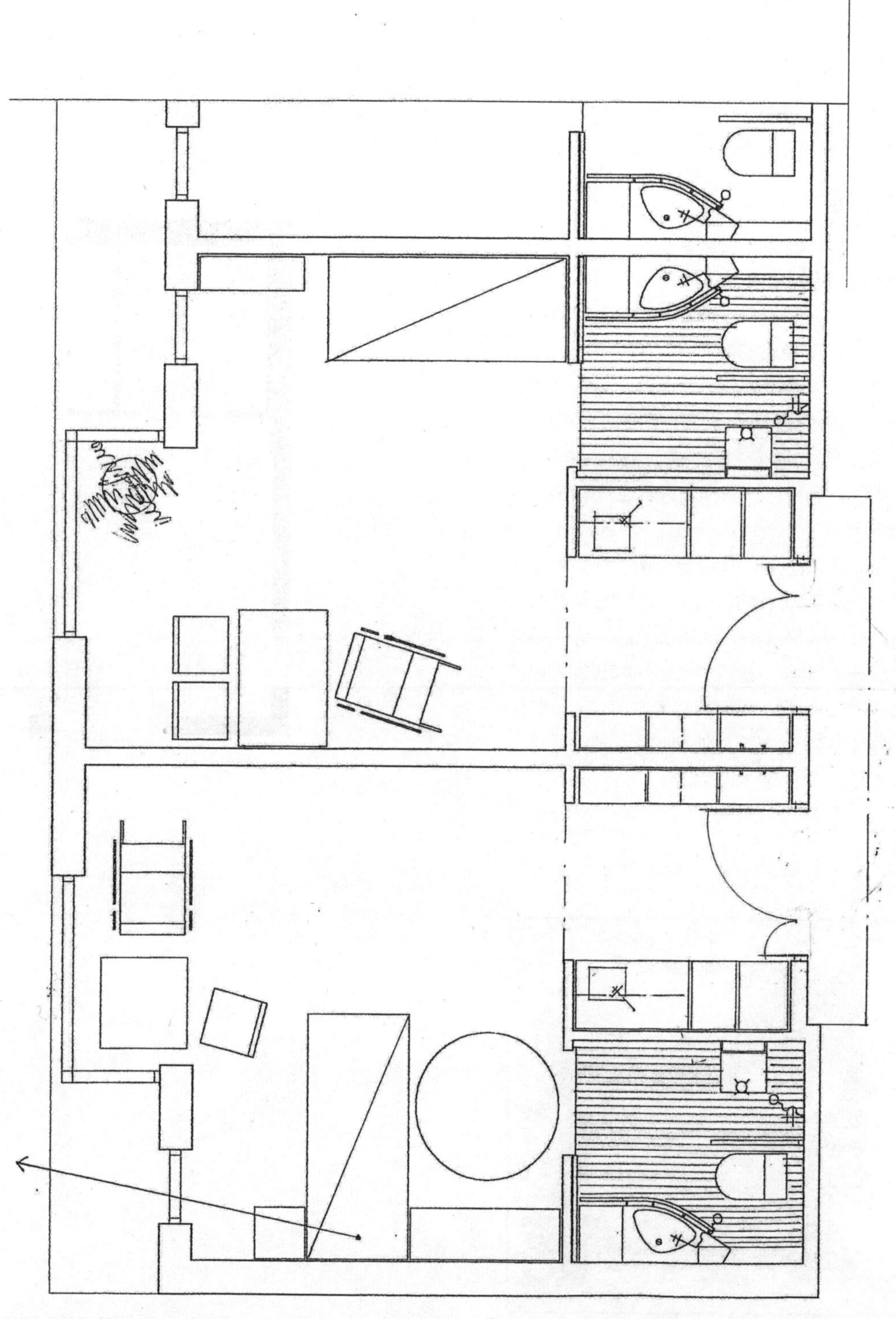

单元平面放大图

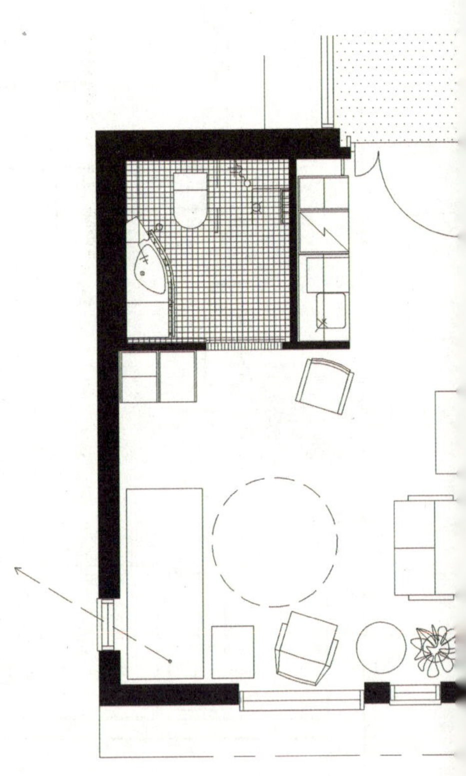

功能细节设计

通向私人房间的门朝里开，而这些房间的门也都是玻璃门，上面装饰着百叶式的门帘，因此，居住者可以自主调节对室内外空间的可见度。受原有建筑的影响，设计的另一个考量是把私人房间的天花设计得很高，以保证空气流通。有着倾斜天花的房间，在窗口墙的一侧，天花高 2.8 m，而在内侧墙的一侧天花则高 3.6 m。通过角窗将私人房间与外界空间联系起来是本设计的一个特点。

建筑采用地热，并且像空调一样，每个房间的温度都是可调的。每个独立的房间都有一个浴室，并装有 Gaius 品牌的产品，这个品牌的产品是由老年人护理中心组织和研究人员共同研制的。建筑中采用的技术方案有利于鼓励老年人独立生活，提升他们的幸福感，而这也是本项目设计的基本理念。

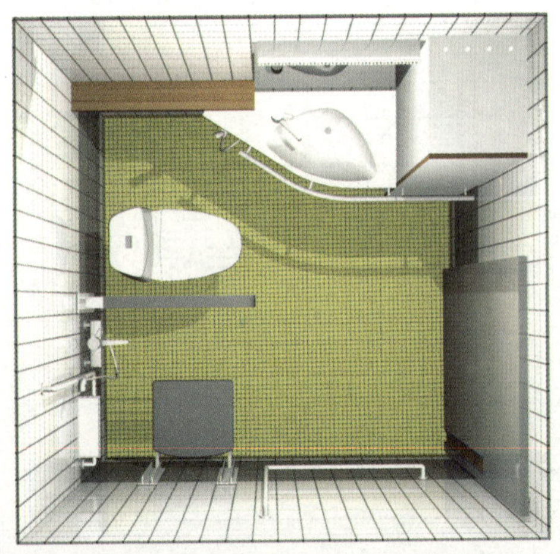

居住单元适老化卫生间布置图

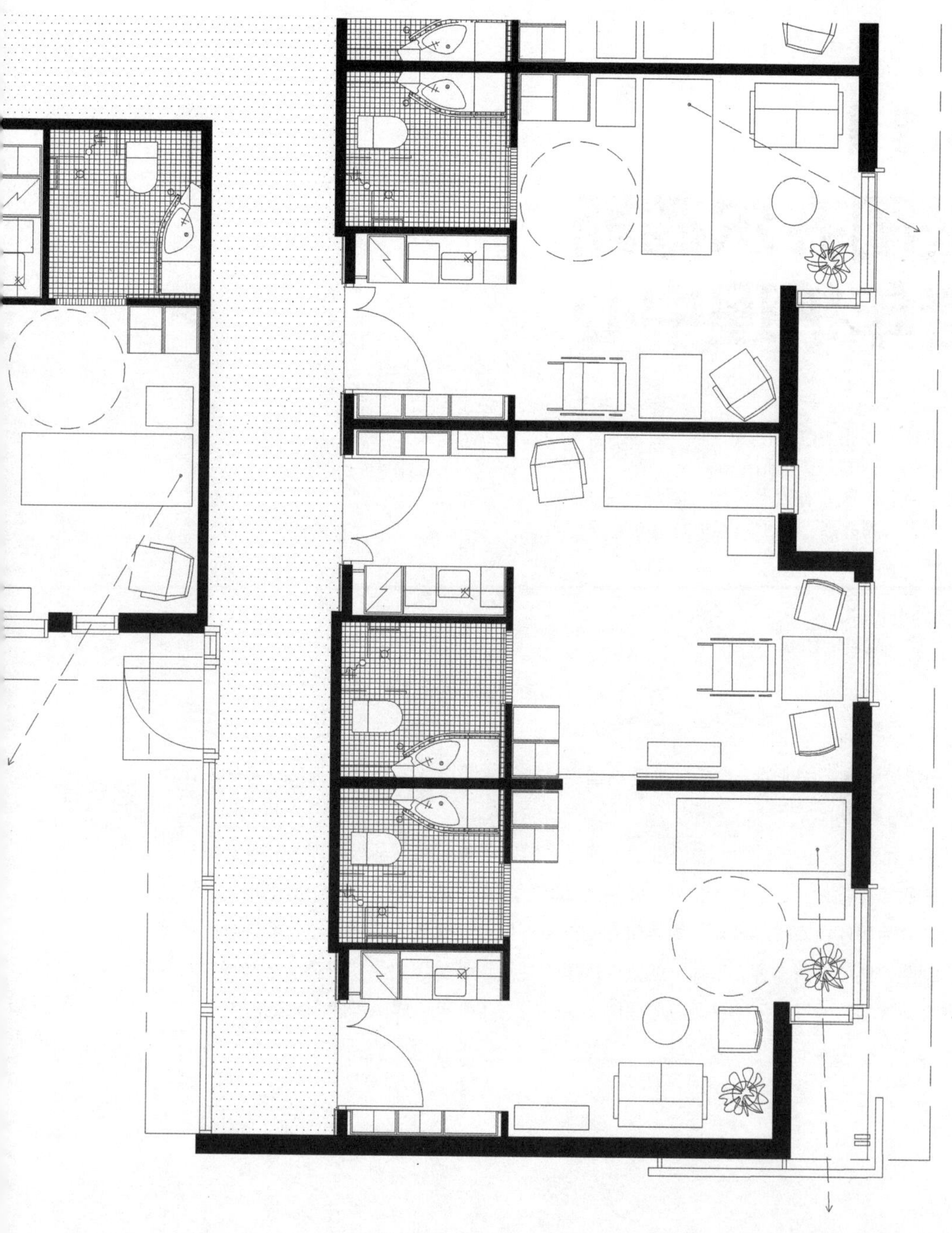

单元平面放大图

4.11
美国齐尔德斯老年护理中心

项目名称：CHILDERS PLACE
项目设计：Perkins Eastman
项目地点：美国，德克萨斯州，阿马里洛
客　　户：Mary E. Bivins Foundation
建筑面积：9 755 m^2
层　　数：1层
竣工时间：2007 年
摄　　影：Chris Cooper

齐尔德斯老年护理中心是一个长期护理中心，它为下一代的护理和失忆症看护工作树立了标准。

这个面积约为 9 754.8 m^2 的项目位于德克萨斯州最大城市阿马里洛郊区的狭长绿野地带，紧邻哈林顿地区医疗中心。该中心设有 60 个建筑单元，其设计旨在创造超凡的居住体验，并为居住在家庭中老年人提供可靠的支持环境。建筑寻求美观性与功能性之间的平衡，创造“住户安居、客人乐访”的宜人环境。建筑设计体现出了“研究、合作和协同”的成果，其独特的设计全面地顺应了居民、家庭、员工和社区成员等使用者的需求。

单元家庭生活区外立面实景

中庭实景

葱翠的庭院为老年人提供舒适的休闲交流环境

葱翠庭院实景

为了缓解使用者身处专门医疗机构的抵触感，建筑中每 10 个私人房间组成了 1 个单元家庭生活区，6 个单元家庭生活区又组成 3 对邻里坊。这种模式大大缩短了老年人在建筑内的交通距离，为小规模就餐和医疗活动提供支持，提高了居民使用的灵活性和选择性。为了促进老年人的社会交际活动，邻里之间设立了极具吸引力的公共空间，包括大型厨房、老年人与家人会见区、一个康乐中心和若干个疗愈花园。这种单元家庭生活区模式的建立促进了通用化管理模式，提高了工作效率并获得了丰厚的运营收益。

房间的设计私密、恬静而舒适，这对于长期无法离开房间的老年人来说尤为重要。宽敞的房间设有私人浴室，而且装配了滑动旋转门，这使得卧床的老年人也能拥有直接的视线。旋转门便于操控，为紧急医疗通道的使用提供了便利，而且避免了普通旋转门在使用中所产生的拥挤。建筑通过露台与大自然相融相通，尽量促成老年人走向户外，享用葱翠的庭院。

高高的木质天花板为老年人创造了舒适的休闲、交流环境

室内“生活街”

“生活街”内壁炉一角 1

以壁炉为中心的起居空间

温暖氛围的室内软装与室外环境融为一体

该中心先进的技术为使用者提供了最佳的护理条件和安全保障。同时建立了护士呼叫系统，涵盖了痴呆症呼叫、便携式呼叫设施和漫游系统。传感器可以记录、监控使用者的行为特征，并在出现异常时向护理人员发出警告。漫游管理系统着眼于每位老年人的安全，为他们提供最大限度的自由。门锁控制系统将行动不便的老年人限定在建筑外门的范围以内，而需要护理的老年人则佩戴高安全级别编码的传感器。当他们接近不适于单独前往的区域时，房门会自动锁定并呼叫护理人员前来陪同。

4.12

澳大利亚基尔布莱德养老院

项目名称：KILBRIDE NURSING HOME
项目设计：McNally Architects
项目地点：澳大利亚，新南威尔士州
客　　户：Kennedy Health Care
建筑面积：3 369 m^2
层　　数：3层
竣工时间：2011 年 1 月
摄　　影：Simon Wood Photography

基尔布莱德养老院是一家护理机构。其原有的设施较为陈旧，需要升级改造。最终，设计师将其打造成一个拥有 161 个床位的现代化养老设施，并采用独特的装饰和居住空间，深受居住者的喜爱。从运营的角度来看，这是一座极为高效的新设施。

室外公共平台立面

新旧建筑结合形成的户外空间

外立面实景 1

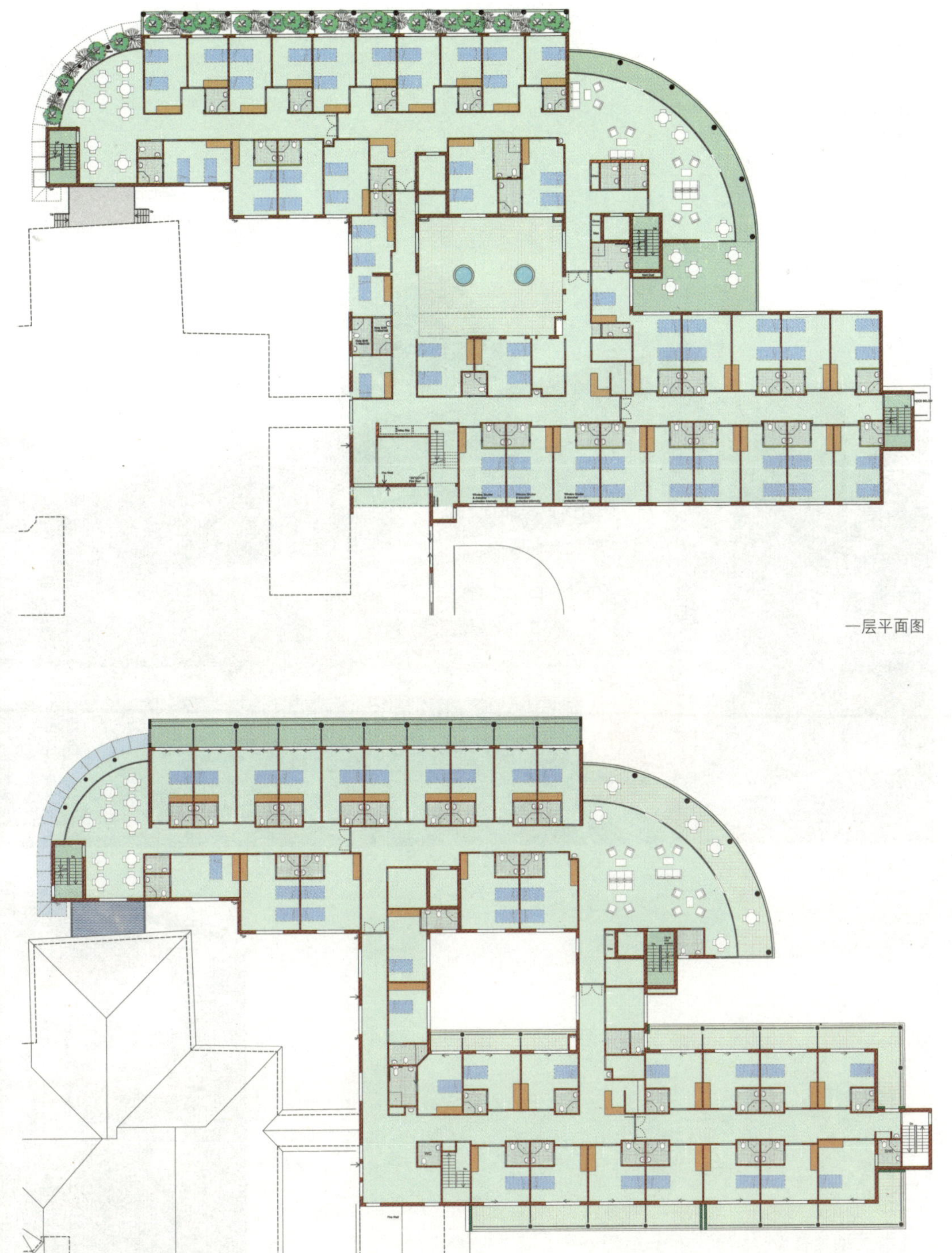

一层平面图

二层平面图

外立面实景 1

基尔布莱德养老院为居住者提供一个“选择”，使老年人获得应有的尊重。通过设立室内生活和活动空间、室外“公共空间”和“村庄广场”，老年人之间及老年人与家人、工作人员和公众之间形成交流和互动。在新老建筑之间设有若干个庭院。古老的农舍旁设有精致的花园和平台。这是一方宁静且私密之处，在此能观赏到对面山谷的曼妙风景。

户前绿化

弧形全景窗将户外景色尽收眼底

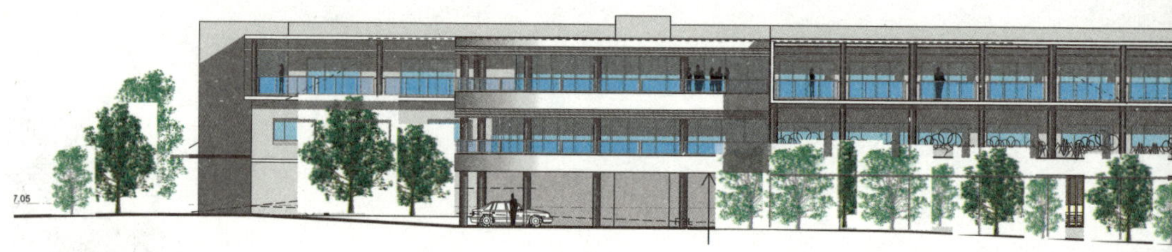

立面图 1

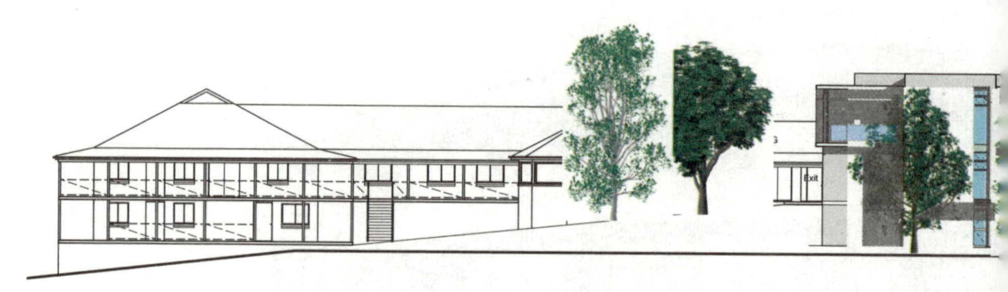

立面图 2

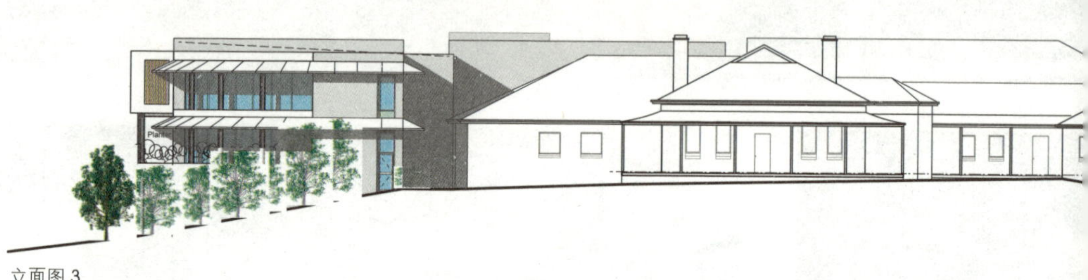

立面图 3

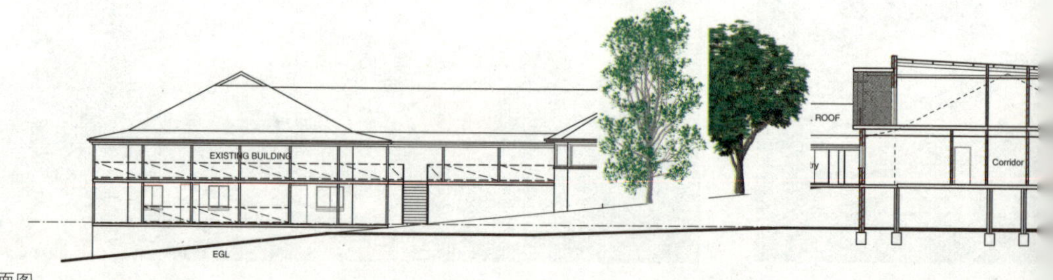

剖面图

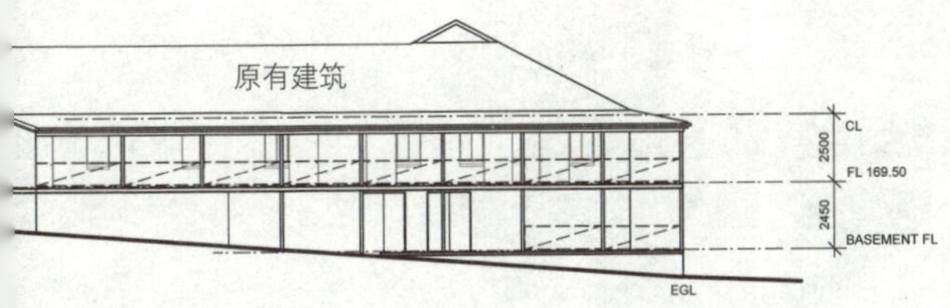

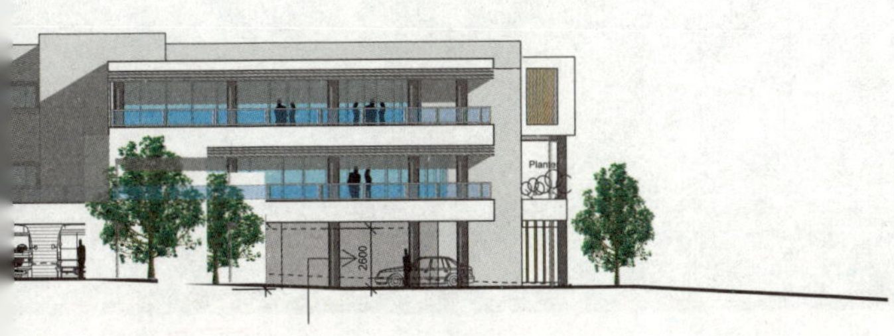

“为生命而生活”—— 无论将来的健康状况如何，该建筑都能保证老年人在熟知的环境内就地养老。为了实现这一目标，该养老院在场地内设有两个独栋居住别墅群，共有 8 座别墅。原来的疗养院采用混合规划，设有 1~4 个床位。两座新的建筑则设有豪华的单人间和若干个能够俯览全景的双床位房间。宽绰的生活区、就餐区、图书馆和室外空间围绕在这些房间周围。该养老院使老年人实现了完全意义上的“就地养老”。

深受老年人欢迎的餐饮空间

护理人员工作站

可供老年人随时利用的公共起居空间

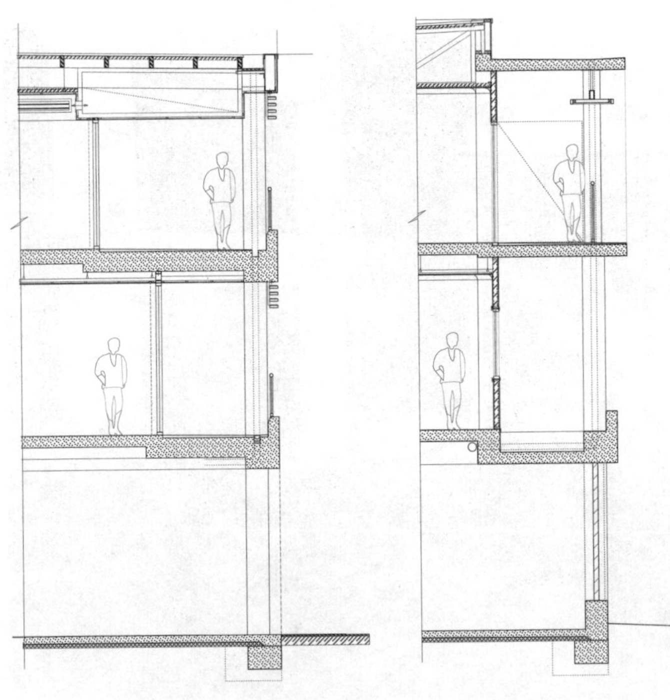

北侧剖面局部放大图　　西北侧剖面局部放大图

新建筑与原建筑相连，却又与之保持足够的距离，为老年人制造一种隐私性和空间感，具有一定的独立性。新老建筑通过设立的图书馆走廊连为一体，并在部分区域通过新厨房实现互联。员工和居民服务区较为集中，这使得护理监控和日常的生活辅助工作得以有效开展。为了给老年人提供高效的服务，新厨房和新洗衣店设在新老建筑均通达便利的地方。总之，新建筑与老建筑融为一体，提升了日常服务工作的质量。所有设施的效率均得到大幅度提升，该养老院的基本状况得到极大改善。

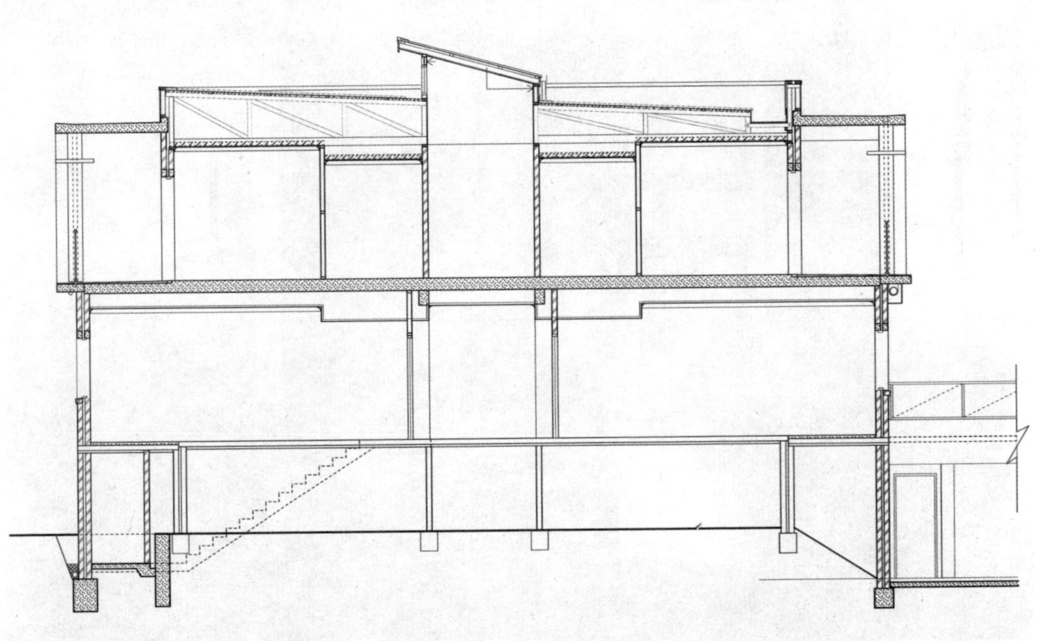

横向剖面图

室内的家用电器设备和装饰品齐全

安静的阅读一角

风格别致的盥洗、淋浴室

可眺望到户外风景的卧室

4.13
法国马坦库尔养老院

项目名称：WELCOME HOUSE MATTAINCOURT
项目设计：Dominique Coulon and Associates
项目地点：法国，马坦库尔
客　　户：Ravenel Hospital in Mirecourt
建筑面积：2 300 m^2
层　　数：2 层
竣工时间：2010 年
摄　　影：Eugeni Pons

在法国小镇马坦库尔附近，新建了一座社会医疗机构。它很好地保持了景观的原貌，与周边地势融为一体。建筑的房顶铺满了当地的草皮，这使得建筑与环境更为融洽。从路上观望，建筑坐落于郁郁葱葱的坡地之中。

底层架空缓解了一层空间的局促感

总平面图

建筑设计为两层。一层包括行政区、员工住房和公共接待处，是公共区域和私密区域之间的过渡地带。40 套房间、公共生活区和医疗站位于建筑的二层，可以俯瞰周围的景观。

为了保证老年人行动舒畅，建筑上层的流通区设计得极为宽敞。色彩缤纷的天井不仅成为引导人们进入建筑的标志，而且使得流通区享有充分的自然光照。

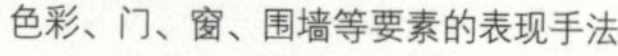

色彩、门、窗、围墙等要素的表现手法

全景平台的围墙色彩与远处的自然景观浑然一体

室外全景平台实景

中庭绿化景观

01. 行政管理区
02. 会议室
03. 员工休息室
04. 储物间
05. 行李间

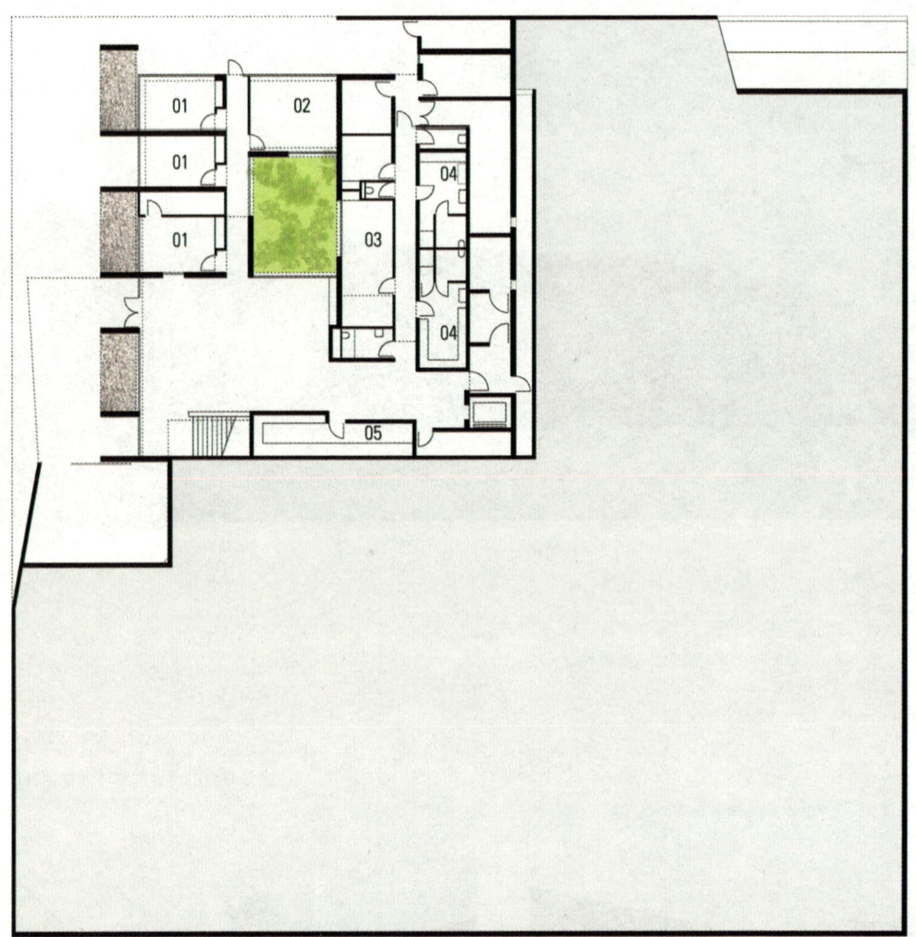

一层平面图

01. 电视室
02. 餐厅
03. 厨房
04. 活动室
05. 多元感官室
06. 浴疗室
07. 护士办公室
08. 护理室
09. 办公室
10. 露台

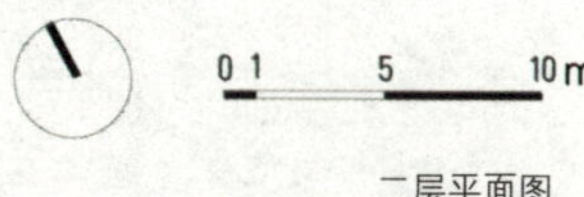

二层平面图

远眺天际线

合理地利用场地高差的特点，采用悬挑的手法凸显出建筑的体量

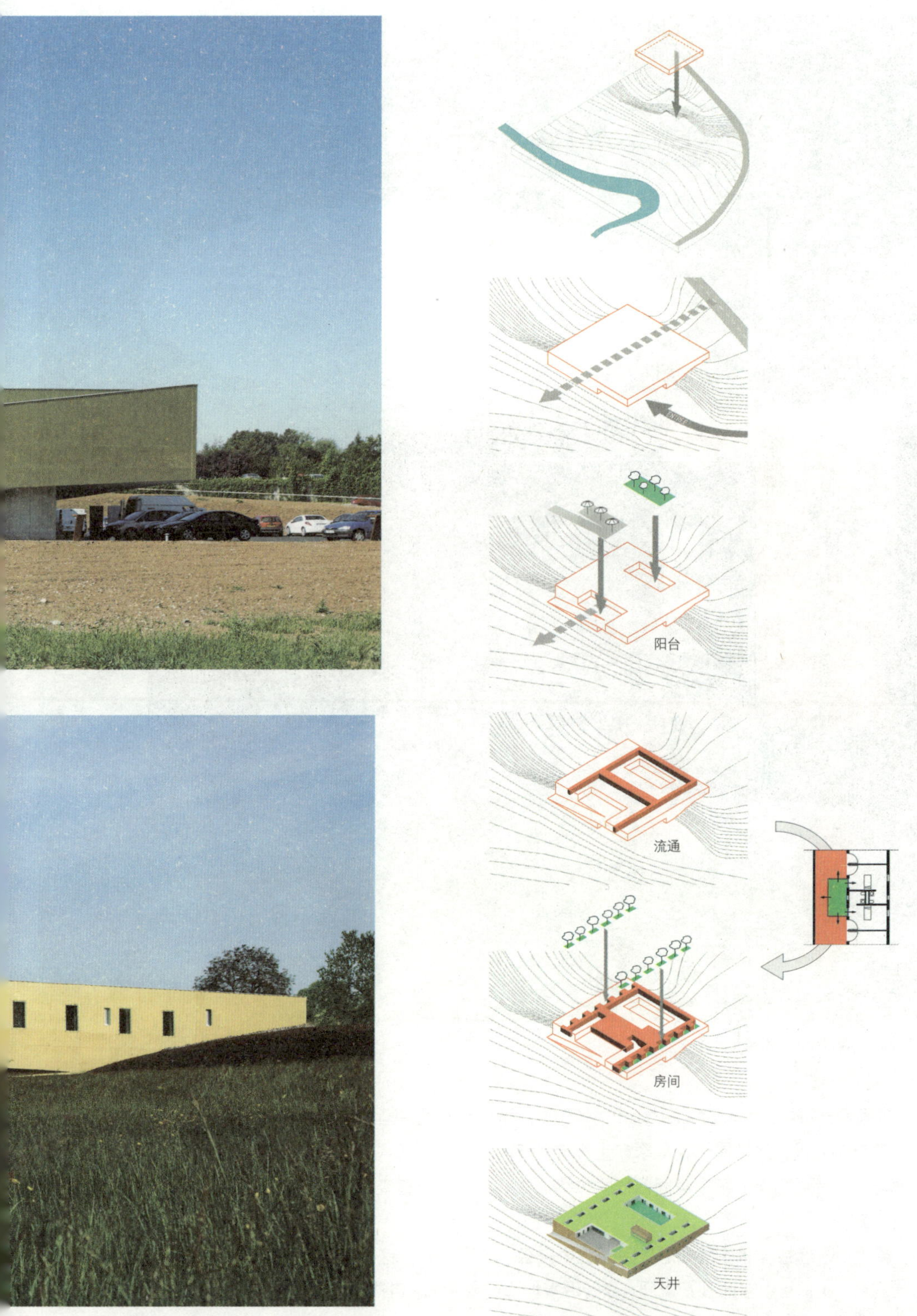

体块分析图

地面色彩、图样与天井形式相呼应

房间沿建筑的边缘而建，并围绕内部庭院，简洁且条理清晰。所有的房间均两面开敞，享受来自于天井的自然光线，而且易于在夏季产生气流为室内降温。房间只通过房门与走廊连接，而其他所有的开口都与自然环境相连。每个房间都摆脱传统模式的束缚，布置成一个个独特的私有空间，成为真正的居住者之家。

餐厅、医疗站、活动室和浴疗区围绕中央空间成组排列。这是建筑的核心区域——这些空间均朝向全景露台，人们可以在此观景沉思，或者沿着坡道进入花园。自然在建筑中无处不在。自然光线经过“过滤”，柔和地洒入室内，为空间营造出宁静祥和的氛围。

通往全景平台的木制楼梯

天然采光和人工照明相结合的中央空间

中央空间实景

中央空间一侧的狭长室外绿化带

从室内随处可见的室外绿化一角

微型绿化天井

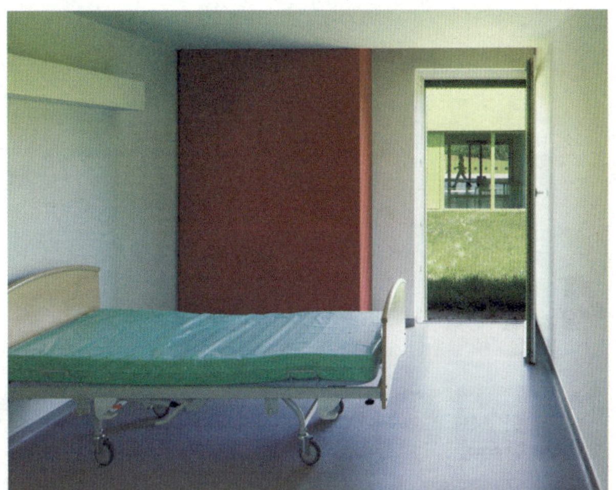

适宜老年人居住的室内色彩选择

老年人卧床也可看到室外景色

便捷洗漱一角

4.14

法国Pont-sur-Yonne疗养院

项目名称：92 BED NURSING HOME IN PONT SUR YONNE FOR DEPENDENT ELDERLY PEOPLE
项目设计：Dominique Coulon & associés
项目地点：法国
客　　户：Lamy-Delettrez nursing home
建筑面积：5 395 m^2
层　　数：1 层
竣工时间：2014 年
摄　　影：David Romero-Uzeda

本项目建筑与法国 Pont-sur-Yonne 地区的坡地景观融为一体。深色的建筑体量内容纳 96 个房间。建筑的主入口前面是一个面向约讷谷的小广场。向内凹陷的深色体块和纯白色块量融为一体。身处建筑的任何一个位置都能看到周围美丽的景色，其中一楼南侧的两个平台朝向河流。

白色体块的凹凸形成了引导性强的入口

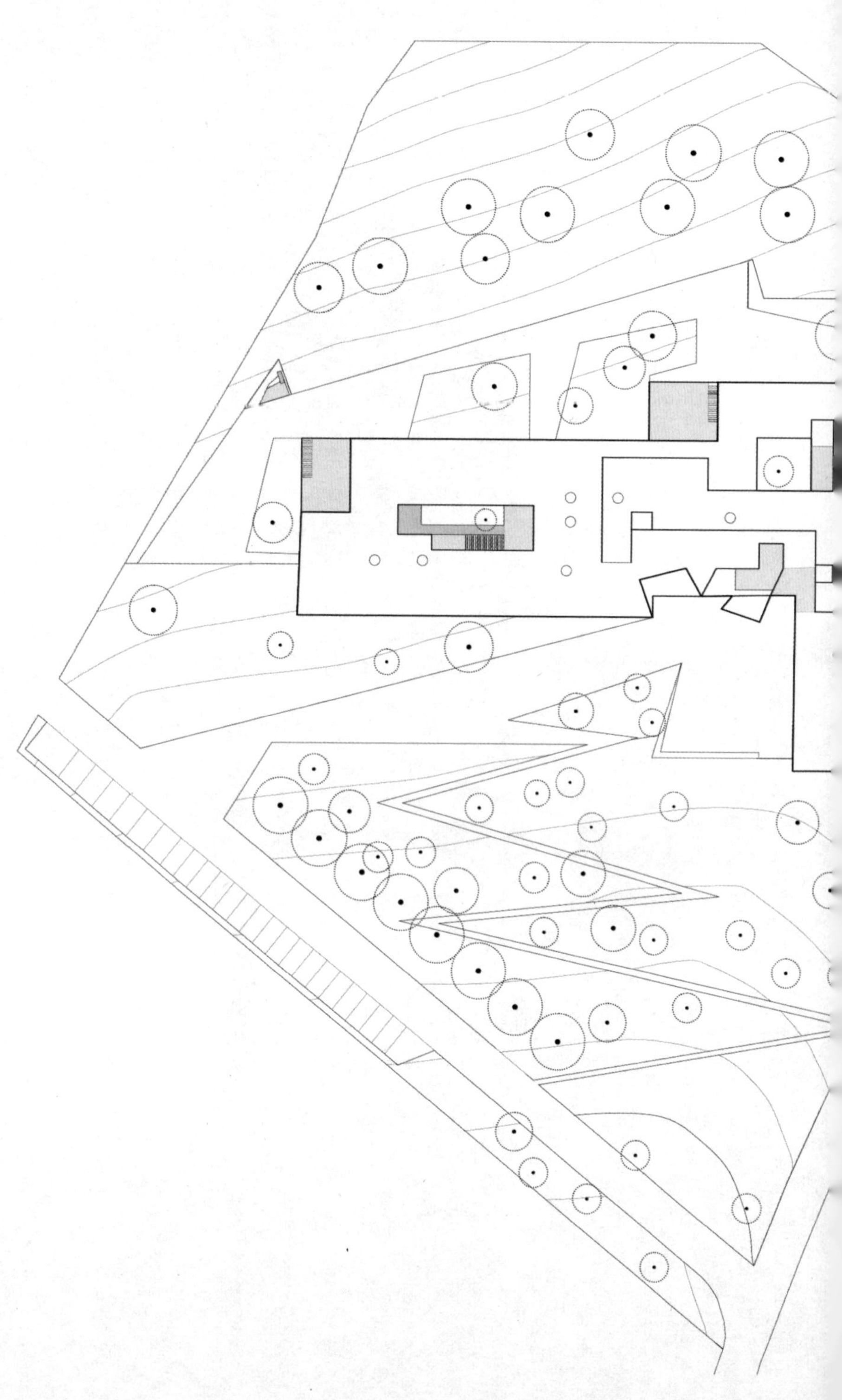

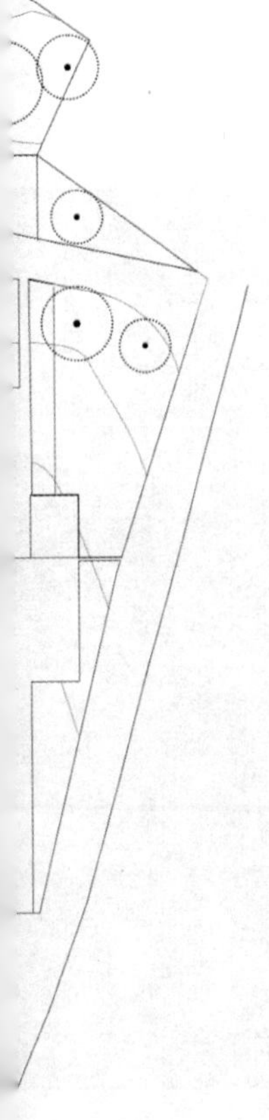

生活区内的公共空间被设置在建筑的南侧，利于采光，长条形的窗户将公园的景色引入室内。

两个种植庭院是建筑的采光井，照亮了所有的交通流线，便于老年人在室内散步。交通流线随着朝向的不同而宽窄各异，位于粉红色光影下的休息区内布置着符合人体工学的长椅，为老年人提供了休息聊天的场所。

该建筑坐落在山坡之上，利用地形，将建筑与山坡景观融为一体，通过蜿蜒曲折的道路，将人们引入建筑的入口，同时也方便了残障人士与周边的景观相接近。建筑内部设置两个中庭，使得在建筑中的老年人也能够得到与自然亲近的感受。在建筑中，露台的设置给老年人提供了一个驻足眺望的平台，也为在疗养院生活的人们提供了更多的生活可能性，在丰富内在空间的同时，为在此疗养的人们的行为增加了更多的选择，从而使人们得到一个更加宜居舒适的生活环境。

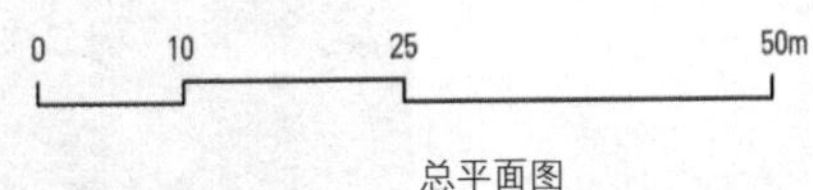

总平面图

远眺天际线

沐浴在晨雾中养老院实景 1

沐浴在晨雾中养老院实景 2

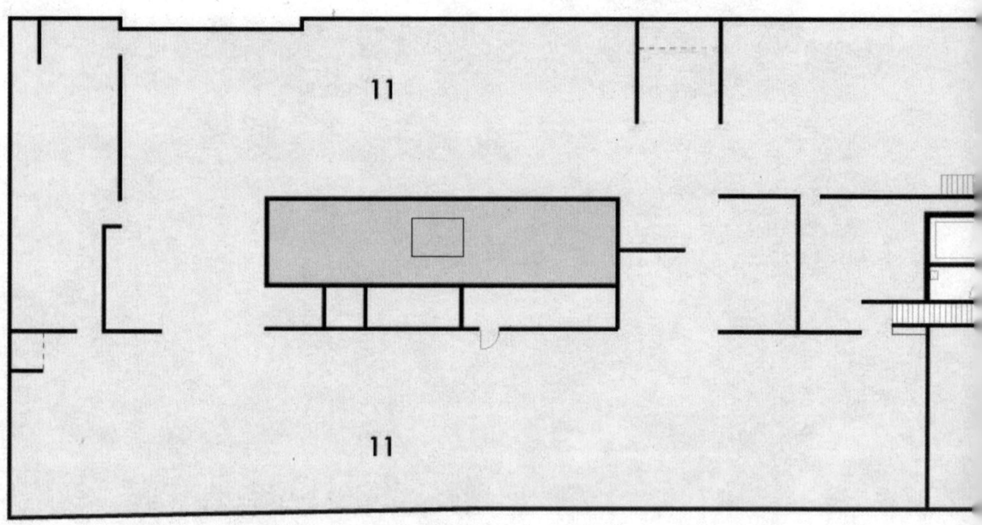
11
11

01. 厨房和食品贮藏区
02. 女员工更衣室
03. 男员工更衣室
04. 维修和废物室
05. 技术室
06. 多功能室
07. 工会办公室
08. 庭院
09. 配送区
10. 装卸区
11. 设备层
0
5
10
20m

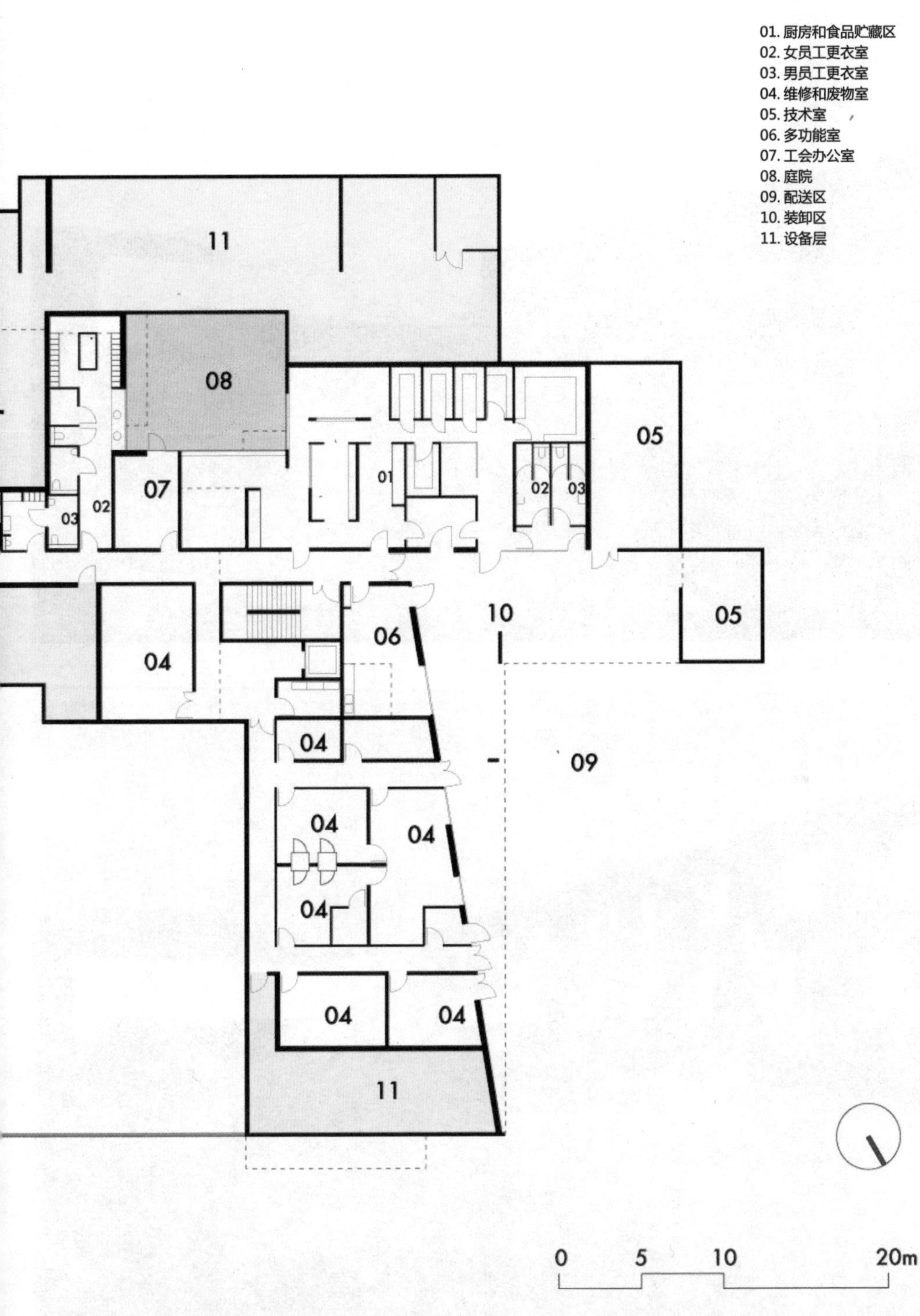

地下一层平面图

向内凹陷的深色体块和白色体块垂直结合，巧妙地利用坡地的不利条件

夜景

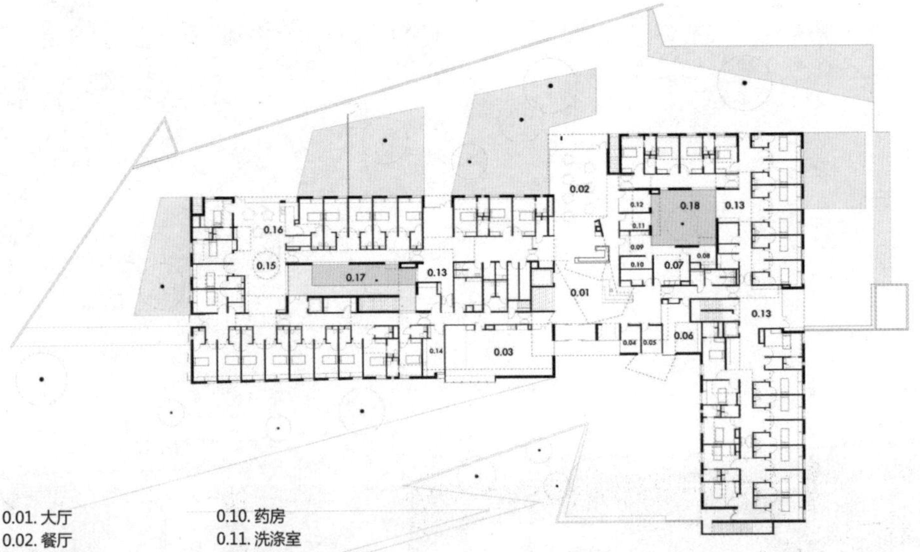

0.01. 大厅
0.02. 餐厅
0.03. 多功能室
0.04. 秘书室
0.05. 管理室
0.06. 护理室
0.07. 护士站
0.08. 医疗咨询室
0.09. 护士站
0.10. 药房
0.11. 洗涤室
0.12. 办公室
0.13. 开放式生活区
0.14. 理发厅
0.15. 餐厅 / 客厅
0.16. 有治疗作用的厨房
0.17. 庭院
0.18. 庭院的入口

0 5 10 20m

一层平面图

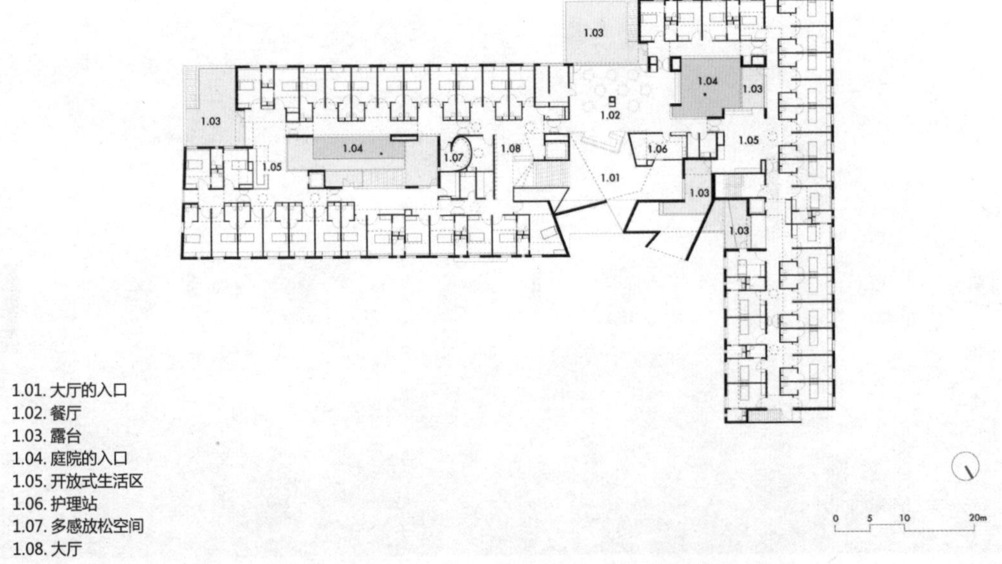

1.01. 大厅的入口
1.02. 餐厅
1.03. 露台
1.04. 庭院的入口
1.05. 开放式生活区
1.06. 护理站
1.07. 多感放松空间
1.08. 大厅

0 5 10 20m

二层平面图

简约的立面形式

虚、实与色彩的表达

虚实形体对比吸引老年人驻足眺望

纯净的中庭有助于老年人漫步、回忆

户外实景

欢快色彩的庭院使老年人身心愉悦

粉色回廊

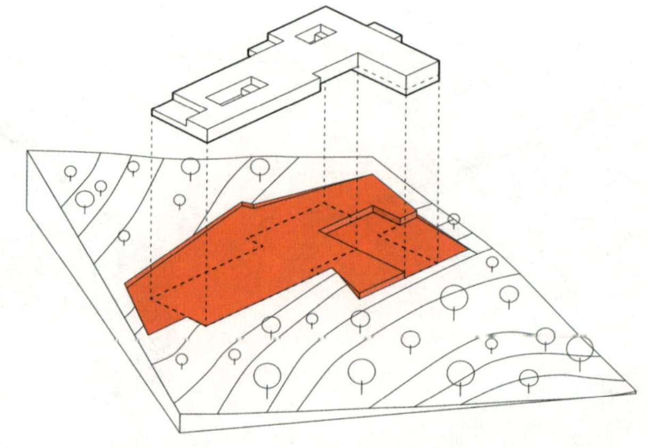

建筑利用斜坡，顺势与周边景观融为一体

前区的入口设计犹如一

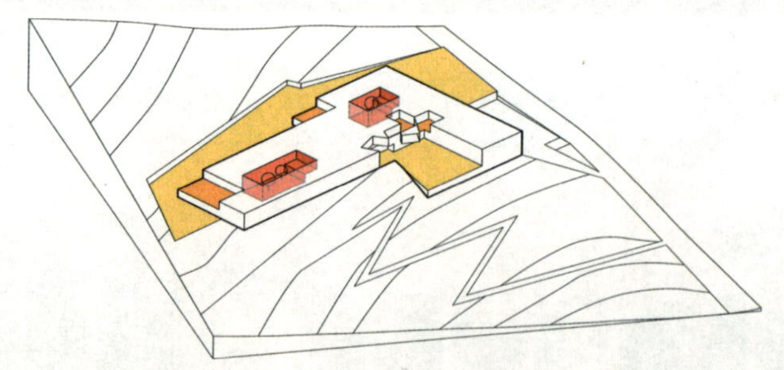

居住者可自由地去往室内庭院和室外露台

为患有老年痴呆症

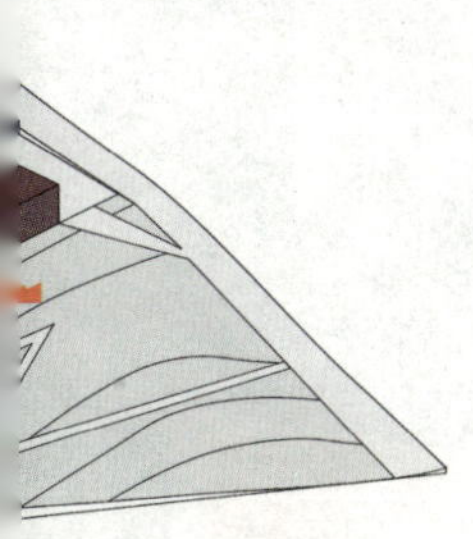

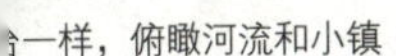

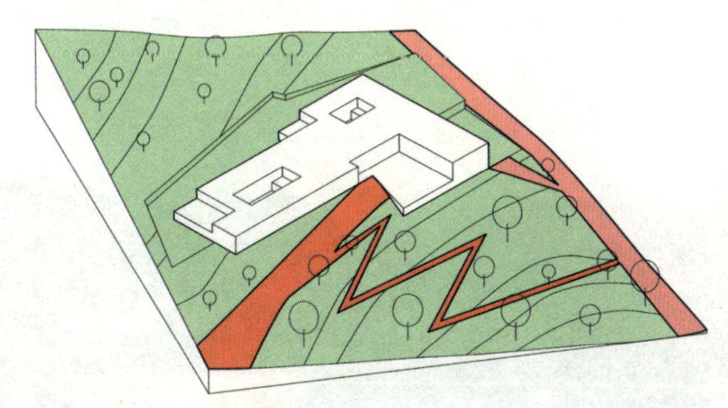

给一样，俯瞰河流和小镇

人行通道的设计，使残障人士亲近周边景观成为可能

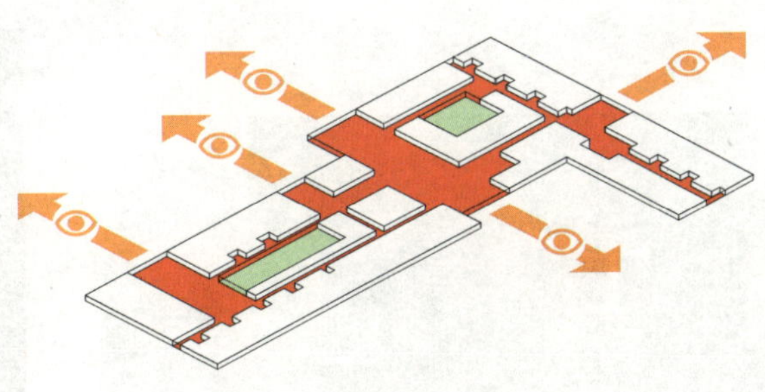

单元及起居室外空间

开放的公共空间提供了多个交流区，并配备了相应的灯具和标志

体块概念分析图

屋顶平台

通向屋顶平台的室外楼梯与墙、窗构成关系

灰白色的沙石地面引向深色体块的入口

室外实景

色彩与房间单元组合

带窗一侧的休息座椅

通往室外平台的出入口

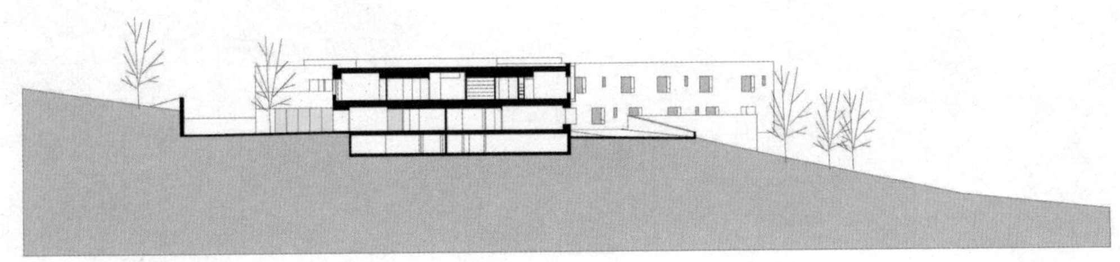

1-1 剖面图

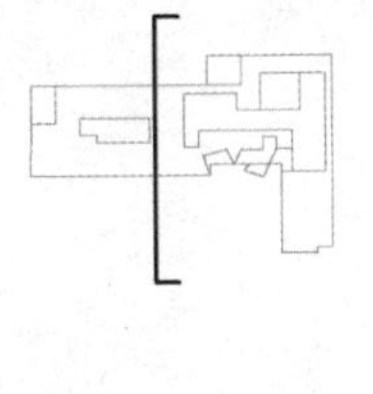

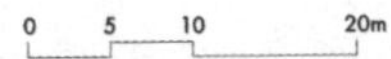

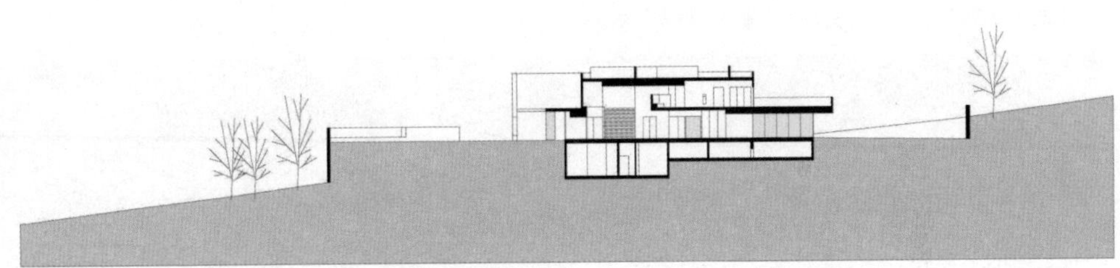

2-2 剖面图

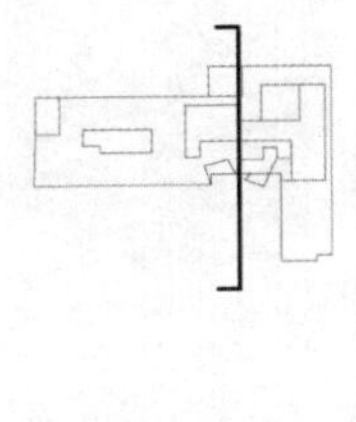

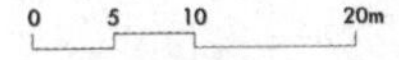

建筑师着力塑造具有流动性和通透性的聚会空间。面向南侧开窗的餐厅正对着入口，占据了建筑中央的位置。位于入口上方的半室外平台进一步提升了老人的生活品质。

面积为 20 m^2 的个人房间经过精心设计，沿着窗台一侧，为老年人设置了写字台和家具，加深了立面的稳重感。3 种房型拥有不同的墙壁颜色和光照朝向。

这座建筑拥有高标准的节能性能。保温性能良好的外墙能为室内提供舒适的温度。

设计这座疗养院时，建筑师特别注重建筑的实用性和功能性。无论是流线、采光还是材料都力求做到最好，为老年人营造温馨、舒适且有尊严的生活空间。

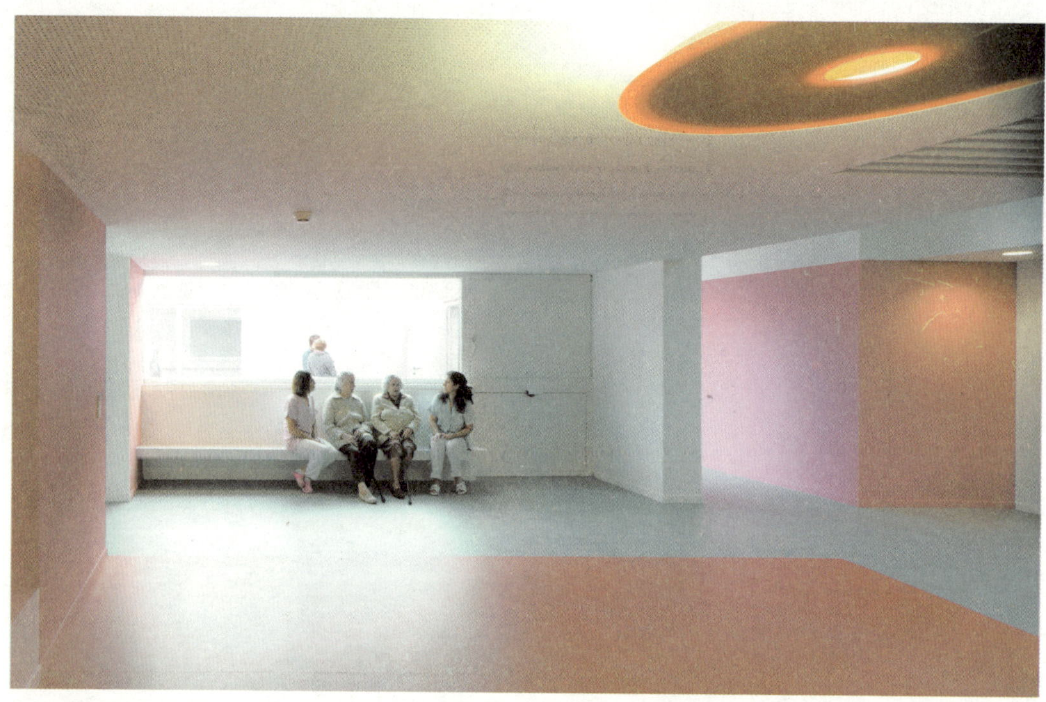

老年人喜欢选择色彩欢快、阳光充足的空间与工作人员交谈

人们愿意选择有色彩氛围、私密性良好的角落聊天

走廊面向阳光天井的座椅

接待处

通往二层宽广而舒缓的楼梯

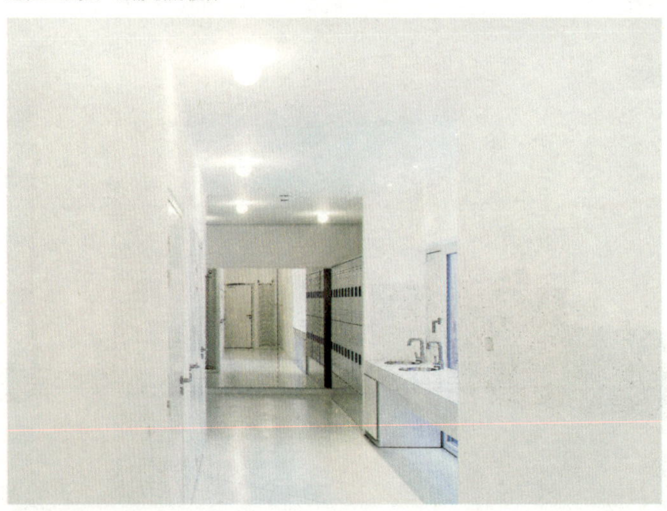

设在走廊的便捷型洗漱台

从二层楼梯口观望接待处

多功能房间

卧室内帮助老年人起居生活的起卧拉杆、可移动餐桌等设施

老年人专用介护床

老年人可根据色彩来识别自己的房间

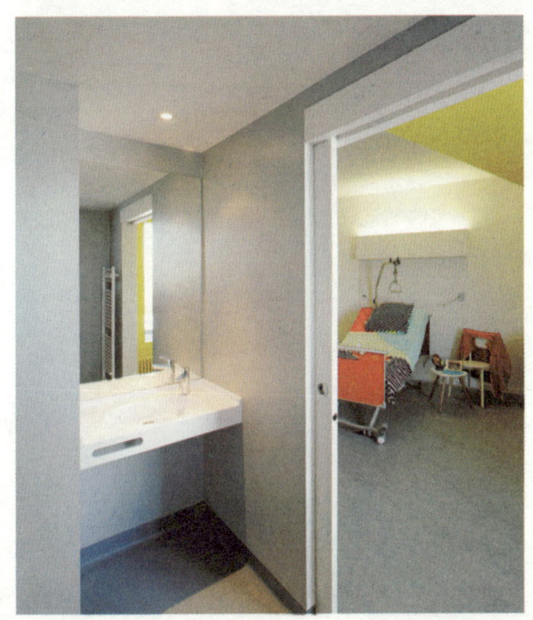

从卫生间可以观察到卧室

沿窗台一侧写字台即可书写、阅读又可观望户外景色

4.15

日本南医疗生协 Nonbiri 村

项目设计：三桥设计株式会社
经 营 者：南医疗生活协同组合（建筑所有者）
建筑面积：1 365 m^2
层　　数：1~2 层
竣工时间：Group home 2008 年 村内其他设施 2009 年
摄　　影：南医疗生活协同组合、三桥设计
项目推荐：日本福祉大学毛利志保先生

生协 Nonbiri 村的建设理念：在南医疗生活协同组织（以下简称南医疗生协）中，组成了一个名为“飞跃会” 的百人会议，从构思阶段开始，以职员、组织成员、设计者共同参与的工作坊的形式，推进村子的建设。并以此推导出组织成员所期望的样子：

“在生活习惯的社区中继续生活。”

“即便成为高龄者，通过地域交流，依然可以发挥作用，过有意义的生活。”

“当需要帮助或需要护理时，可以轻松愉快、安心地利用身边的养老设施。”

因此，“生协的 Nonbiri 村”的理念确立为“融于社区、和社区相互依存”。

用途：老年痴呆症共同生活护理设施、多代共生住宅、小规模多功能之家、地域交流馆、咖啡室。

从卧室平台可眺望到老年人熟识邻里的居住环境

小规模
多代居住宅“A1A1 长屋”
茶室 -TYA
SEITYAN 农园
Grouphome-HONWKA
停车场
健身康复农园广场

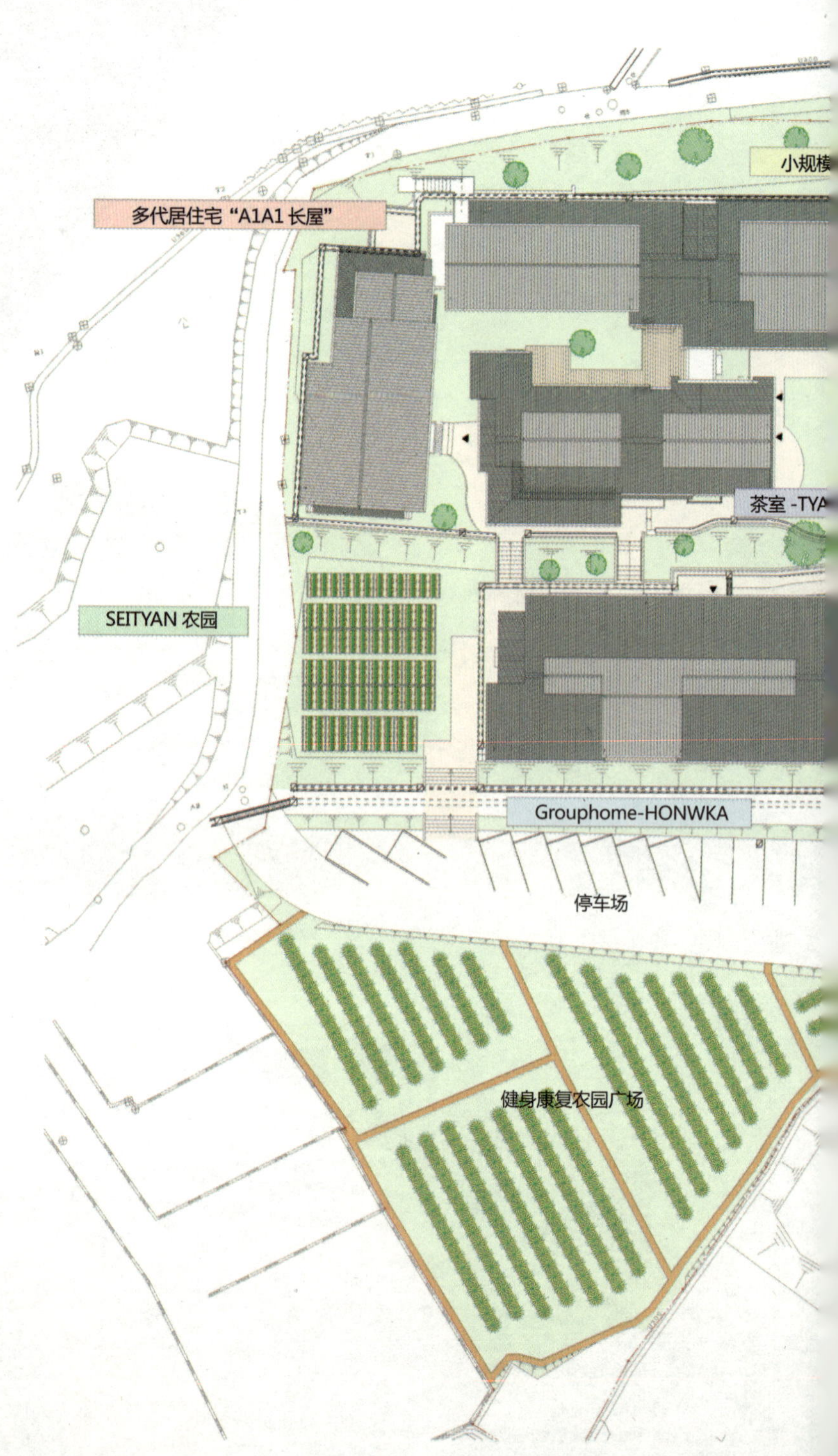

总平面图

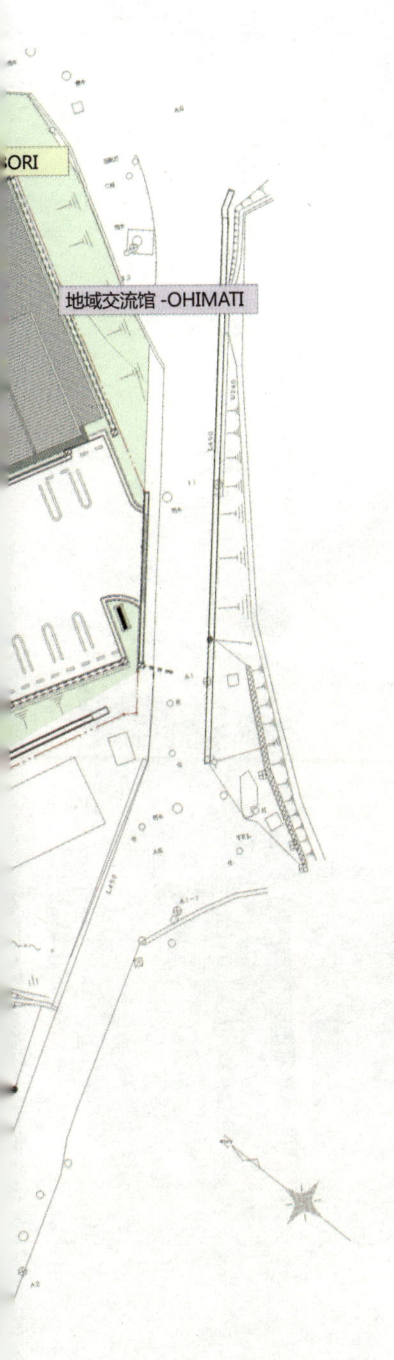

区位图

“大家是不同的，大家是优秀的，使每个人的生命都焕发出光彩的街区建设”的具体化

“大家是不同的，大家是优秀的，使每个人的生命都焕发出光彩的街区建设”是南医疗生协的基本理念，“生协 Nonbiri 村”以建筑的形式进行了诠释。仔细观察村中的各种建筑物，其色彩、形式、建筑物的朝向都略有不同。眺望整体，或村中漫步，眼前的风景是整体感良好的村落与各具特点的建筑单体的集合体。尽可能地营造出从很久以前就开始被建造，数个民居点缀其间的村落形象。

项目用地状况

“生协 Nonbiri 村”的项目用地位于东海县南加木屋站北的特定土地规划整理区域内，紧邻东海县南部的三池公园。本项目用地面积 4 921 m^2，建筑占地面积 1 108 m^2。用地周边是住宅、农田、橘园以及竹林相混合的丘陵地带，建筑行为受到一定限制。建设用地南侧面向一条 6 m 宽的道路，东、北两侧紧靠狭窄小道，是一块东北高、西南低，呈层层跌落（4 层）的稻田地。建设用地的西侧是一条水沟，其前方延伸的依然是稻田。因为紧邻三池公园等，项目用地周边绿荫浓郁，远眺景观很好，因此期望规划设计能够好好利用优越的自然环境。

ちゃら

居室和茶室对望

206
205
203
202
201
207
208
211
210
二层平面图
多代居住宅 "A1A1 长屋"
105
103
102
101
106
107
108
111
110
中庭
食堂
厨房
健身康复农园广场
食堂
1
2
3
4
5
Grouphome-HONWKA
一层平面图

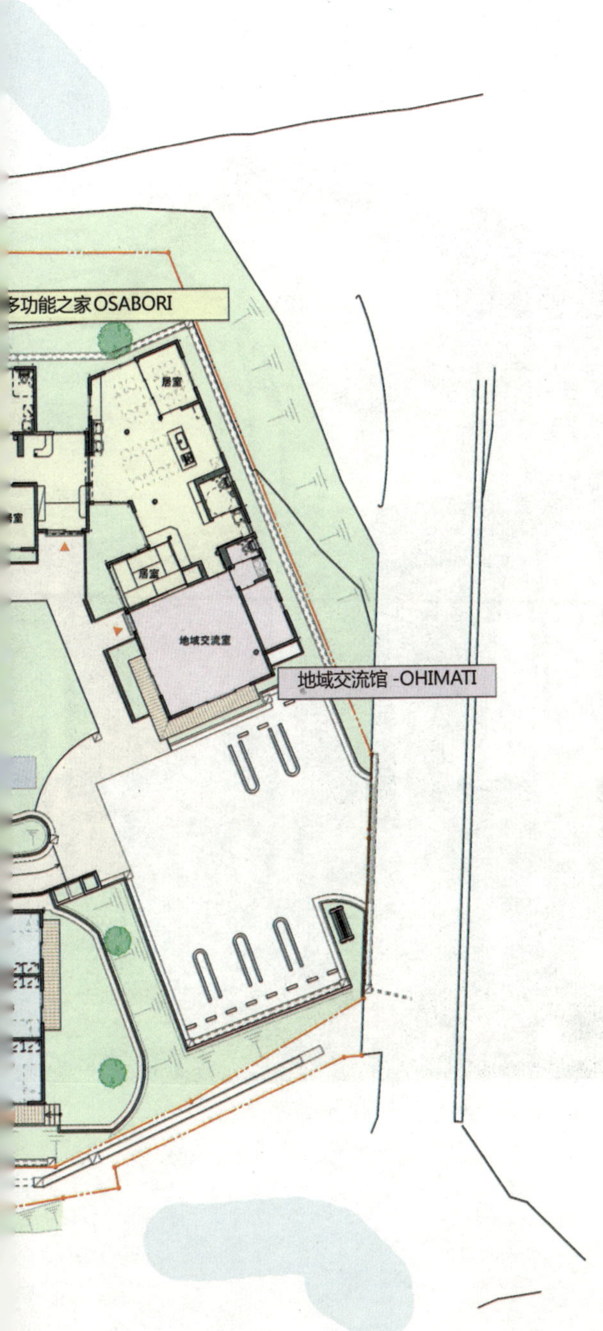

设施概要

“生协Nonbiri村”是面向认知症患者的共同生活护理设施“Grouphome-HONWAKA”、小规模多功能型居家护理设施“小规模多功能之家”、多代居住宅“AIAI长屋”、地域交流设施“地域交流馆-OHIMATI”、“茶室-TYALA”这五个设施组成的集合体。“Grouphome-HONWAKA”是单独一栋建筑，其余的是一栋建筑面积达1 068.6 m²的大规模木质建筑（过廊采用兼具防火功能的钢筋混凝土结构）。

茶室如家

如家一样的户外环境

老年人可以参与农作的乡村种植园

防火墙升起的“生协 Nonbiri 村”

“生协 Nonbiri 村”中设有防火墙。多代居住宅 AIAI 长屋中，连接玄关和居室的过廊采用的是钢筋混凝土。虽然各栋建筑看起来是分开的，但是实际上除 Grouphome 之外，其他部分都是 1 栋建筑。超过 1 000 m^2 的木质建筑在发生火灾时，为了防止火势蔓延，必须设置防火墙。在“生协 Nonbiri 村”中，用混凝土和钢卷帘做成日本传统城市住宅区中常见的防火墙形式，而钢筋混凝土过廊采用大面积玻璃面，将玄关前的广场和中庭在视觉上紧密地联系起来。

缘侧廊下为老年人提供洗脚的选择

对木材的偏好

用木材建造房屋是南医疗生协长久以来的梦想。超过 1 000 ㎡ 福祉用途的木质建筑在法规上要求很严格，如具有高防火性能等，对于设计者来说，这也是一个挑战。

“生协 Nonbiri 村”旨在创造和生活过的家宅一样的居住环境，为了能使人感受到木材的温暖感，建筑采用传统的木造营建技术。为了融入社区，为了营造出村落的历史感，项目专程聘请了知多半岛的工匠进行建造。

材料也讲求真材实料。节疤多是天然木材的凭证。该项目基本采用高质量的天然木。然而，虽是木质，却看不见木材。即使是老的木质建筑，现行法规中对木材的使用也有很多限制，只局限在可能的范围内露出木材。窗下墙或屋架等，每栋建筑内可以看见木材的部位都不相同。

“地域交流馆 -OHIMATI”或食堂等，为了保证大空间而采用了很粗的大圆木梁，这些大圆木梁没有被隐藏在天花里，而是在室内露明，充满力量感的梁架组合抬眼即可看到。

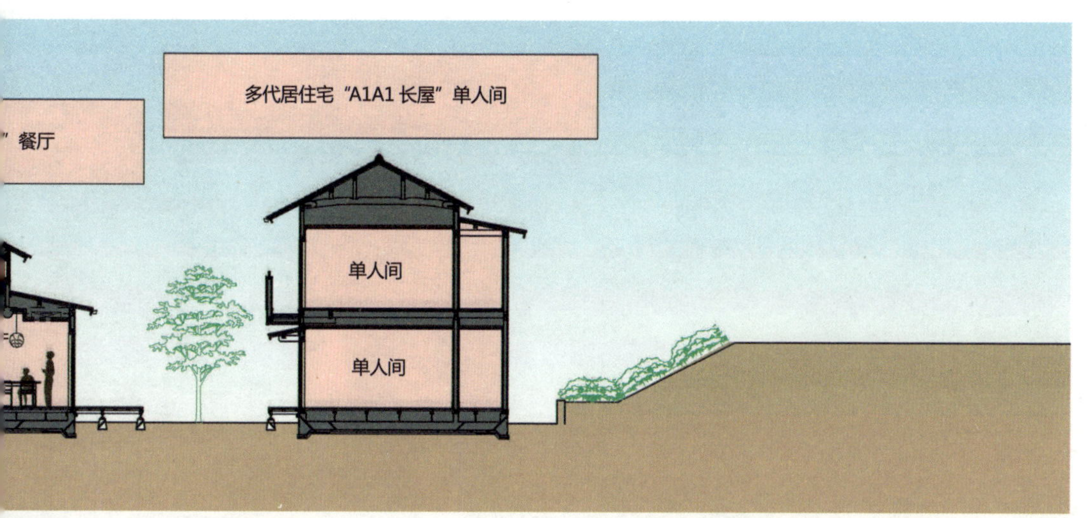

竖向分析图

老年人自主参与缘侧修复作业

维护

小规模多功能之家或多代居住宅"A1A1 长屋"中，自玄关到居室空间，方形的木梁、主体木屋架、木短柱均露明，呈现出木质技艺之美。

连续的大空间中，在需要柱子的地方配置了由吉野杉圆木制成的大黑柱子。这些大黑柱子既起到划分空间的作用，同时也象征着健康长生。这些圆柱表面呈现出的树节疤，看起来就像猫头鹰、猴子、狸猫或蜻蜓等各种动物的形象，入住者和组织成员都认为这太有趣了。

竣工后仍在日日进步

选择容易进行增建的木质建筑，外部空间尽可能留白的"生协 Nonbiri 村"，自开村以来的三年间，和区域自治会、社区一起认真经营。在各种共同努力、地域交流中出现的志愿者、组织成员们，自己动手布置庭院，周末工匠来访，对建筑进行修理调整，每天村子都在一点点完善。为了使"生协 Nonbiri 村"变成人们所期待的自己居住的村子，"村落建设"现今仍在进行中。

适度营造民居氛围

利用木质营建技术，适度展现木圆柱、木屋架，地板铺设杉木板材，于是真的就变成了一座老宅氛围浓厚的民居。仅仅唤起乡愁或怀念过去的话，并不是设施利用者、入住者以及组织成员们所期望的氛围。“舒适”“明亮”“轻松”的氛围才是有必要表现的，建筑墙壁使用日本的天然灰浆，墙壁和天花统一为白色，采取的是介于“和式”与“西式”之间温暖、明亮且富有清洁感的室内装饰。

存鞋间

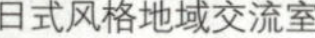

日式风格地域交流室

席地而坐可以亲近户外中庭

灯光闪烁的照明

“生协 Nonbiri 村”的黑夜，灯光闪烁。由于木梁上、墙壁上设置的照明是连续的，因此脚下并没有投射出梁的影子，而且白色墙壁和天花中的木梁架也仿佛飘浮起来。最小限度地使用顶部照明，从而确保无炫目感、柔和的照明效果。

老年人在餐厅做健身操

餐厅兼做表演舞台

全木装修的餐厅

老年人做手工的场景

专注"明亮"与"眺望"的窗户

对于日常生活已经习惯依赖机器的我们来说，生活在能够感知到时刻变幻的阳光、每日的天气变化以及四季更替的建筑中，是非常重要的。幸运的是，"生协 Nonbiri 村"的周边环绕着种植有橘园、竹林及稻田的丘陵地带，自然环境非常优越。在充分活用基地高差的基础上，一栋建筑被划分成若干具有住宅尺度的单元，通过中庭连接所有单元，这种空间构成令人享受到自然的变化。期待在与自然的交流中，入住者能够感受到持有的生命力。

传统民居的内部是昏暗的，而"生协 Nonbiri 村"的室内追求的是明亮。食堂、小规模多功能之家等进深较大的房间天花很高，并设高窗，阳光可以照到房间的最深处。阳光照在白色灰泥抹面的墙壁和天花上，产生漫反射，使空间非常明亮。白天，不用依赖照明灯具，就可以保证有足够的亮度。

眺望

在"生协 Nonbiri 村"中漫步，会发现一些具有良好眺望视野的场所。透过玻璃门窗可以看到对面建筑中人们的进进出出及其他活动。反之，活动的人也感受到玻璃门窗内的人的关心和视线。也就说，所谓"看"与"被看"、"守护"与"被守护"的关系总是存在的。在具有集合住宅功能的"生协 Nonbiri 村"中，这种关系被期望升华为"安心感"或"一体感"。当然，在私密空间中，是否选择这种关系是由入住者自己来决定的。

南医疗生协组织成员的强大能量

"生协 Nonbiri 村"中，"追求低成本"与"充满爱心地搭建房屋"是并存的，组织成员们都参加了村子的建设，如给木质部件上蜡、组装并刷涂木质露台、安装窗帘、扎竹篱、布置庭院等。

从好点子的提出、资金的筹措、上梁仪式、内览会、手工制造的竣工活动，直至入住者和工作人员的募集，南医疗生协组织成员的凝聚力、执行力和技术能力都令人深深地感动。

4.16
荷兰 Zonnehuis 养老院景观设计

项目名称：AMSTELVEEN ZONNEHUIS CARE HOME
项目设计：Ronald Bron, Frits van Loon, Elizabeth Keller, Petrouschka Thumann, Marike Oudijk
合　　作：DG groep, Bureau Fonkel, Dementia Services Development Centre (University of Stirling Schotland), Rijnboutt , Architectuurcentrale Thijs Asselbergs, Octatube
项目地点：荷兰，阿姆斯特尔芬
客　　户：Zonnehuisgroep Amstelland Foundation, M.J. de Nijs projectdevelopment
建筑面积：3 000 m^2
竣工时间：2012 年
摄　　影：Pieter Kers

城镇居民需要高标准的绿色空间来提升他们的生活品质。HOSPER 设计公司提交的设计方案将位于荷兰阿姆斯特尔芬的 Zonnehuis 养老院的地面景观设计成一片生机勃勃、绿意盎然的步行区。建筑场地上形态各异的建筑，通过一个广场相互连通，该广场设计独特，绿植浓密，形成一片绿洲，颇具趣味性，同时广场上还设置了其他公共设施。位于一座多功能楼上的 4 个单元住宅区由 Rijnboutt 负责设计，建在场地的西面。一个亲水的中庭花园设计也是整个建筑群的一部分。

绿色景观地面界定出建筑的所在位置

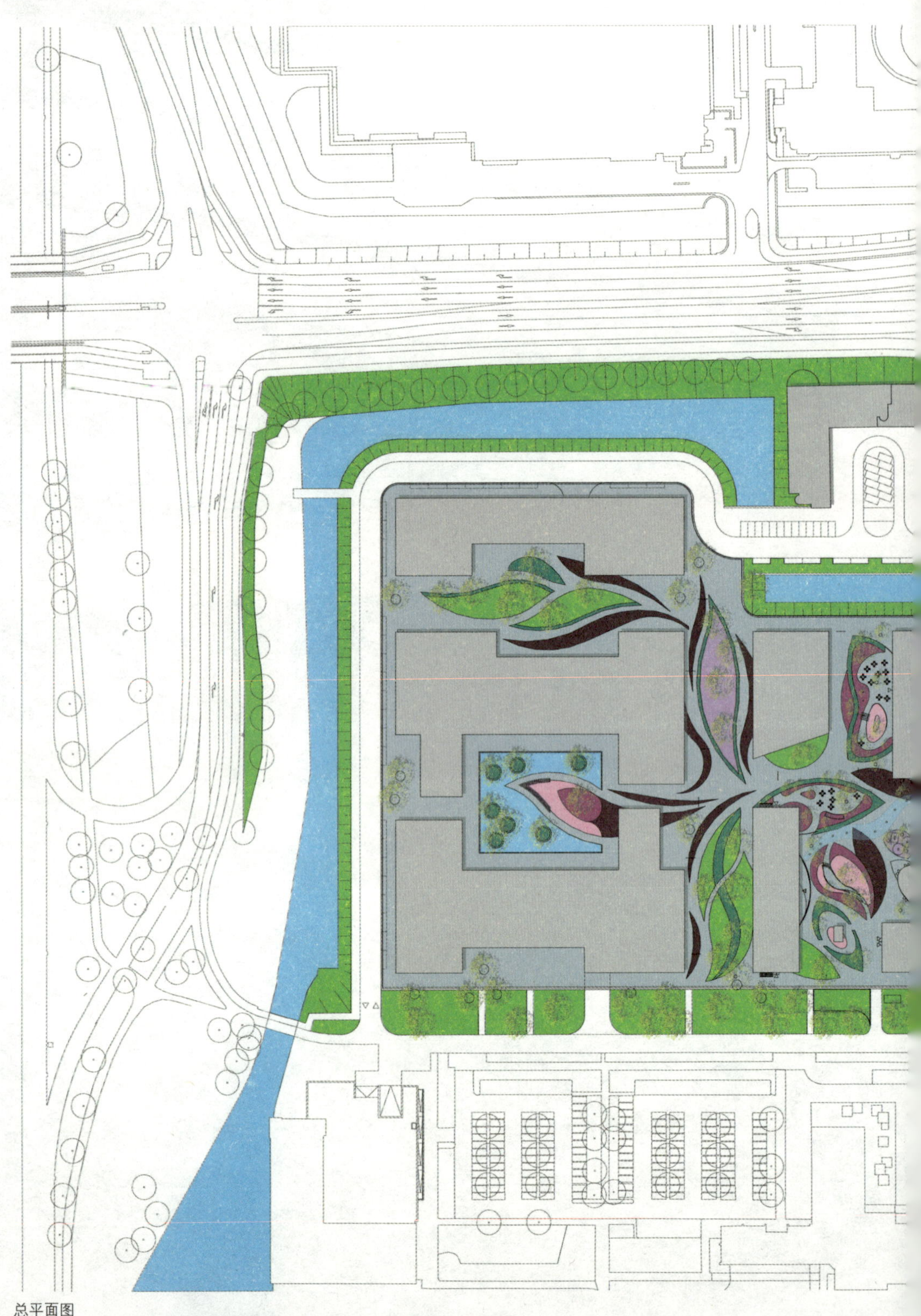

总平面图

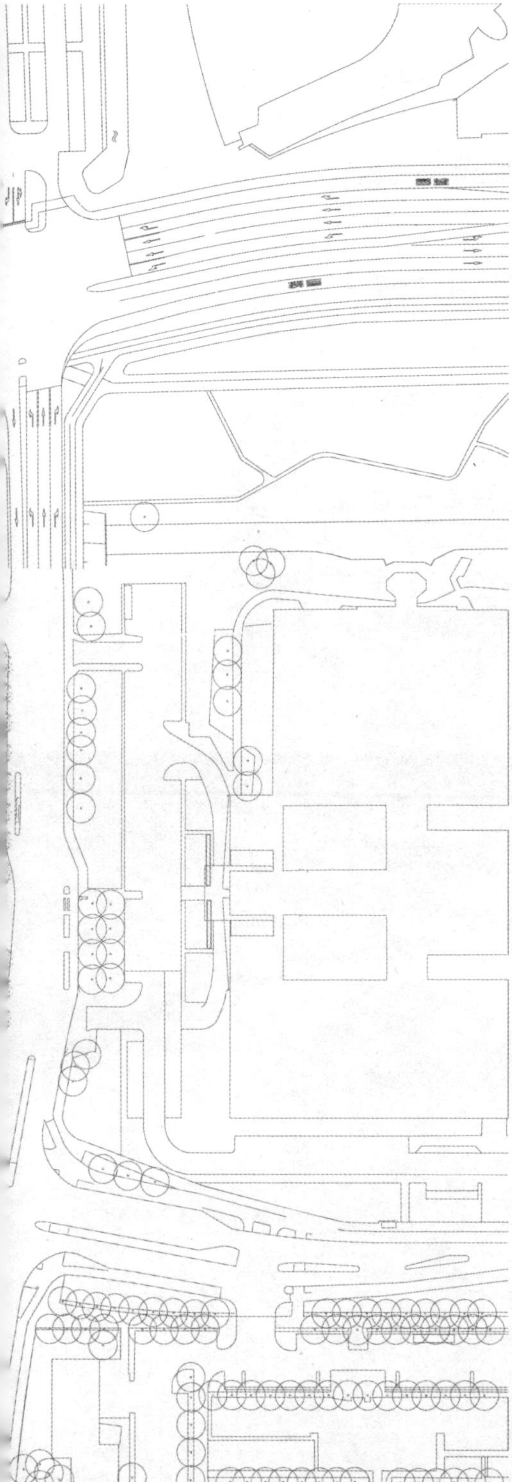

景观设计概念

新的Zonnehuis养老院建筑群由Architectuurcentrale Thijs Asselberg设计，位于东边的建筑群已经建造完成。环绕着整个建筑群的室外空间主要由栽植着多年生植物的花园和可供居住者栽植花木的温室构成。广场上分布着一个露台，一个休闲娱乐区，一个种有多年生植物的花园和为散步健身修建的坡道和台阶。设计采纳了Anke Wijnja和苏格兰斯德林大学痴呆服务开发中心Annie Pollock的建议，在两个花园的设计上，着重考虑了认知症患者的需求。

多年生植物的划分所形成的构图丰富了养老院的居住环境

从老年人的房间就可俯视到种植园

景观整体规划

街边自行车停放处前的三角形绿化带刻画出街道的个性

花园广场为人们提供了相互接触的机会

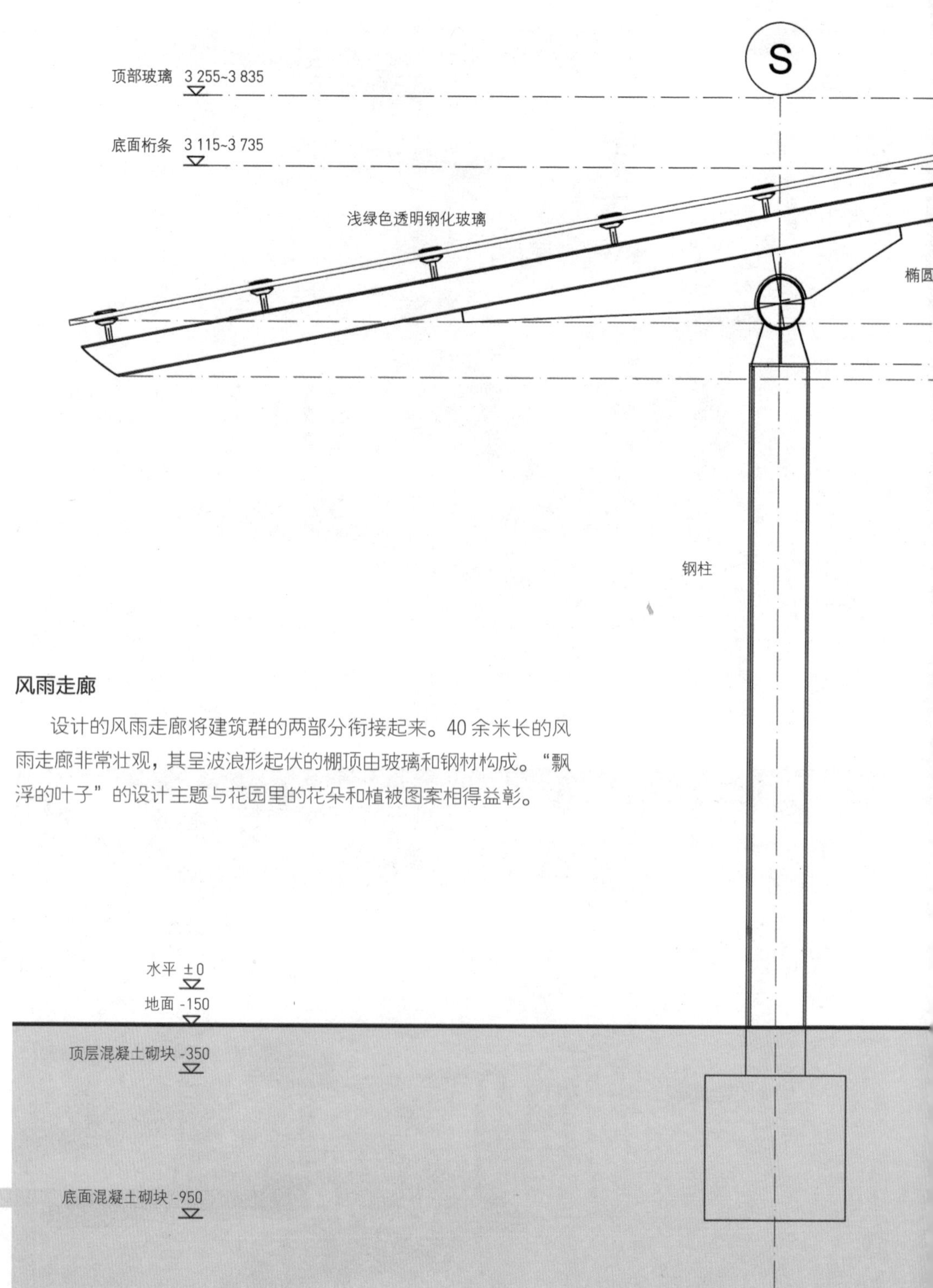

风雨走廊

设计的风雨走廊将建筑群的两部分衔接起来。40 余米长的风雨走廊非常壮观，其呈波浪形起伏的棚顶由玻璃和钢材构成。“飘浮的叶子”的设计主题与花园里的花朵和植被图案相得益彰。

风雨走廊细节详图

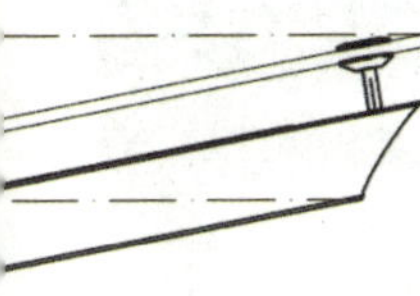

~3 520　顶部玻璃

悬臂顶柱

~3 420　底面桁条

形如“漂浮叶子”的风雨走廊

人们在风雨走廊下聊天

户外的景观一角是孩子们嬉戏的场所

栽植温室

养老院整体地面设计的一个显著特点是：地面设计的每处（除了为认知症老年人设计的花园以外）都通往周边的居住区，没有任何障碍。另外，别具一格的设计使花园不论从建筑的哪一层看都颇具趣味性。

反映街道个性的各种绿化一角

栽植温室成为周边住宅的一部分

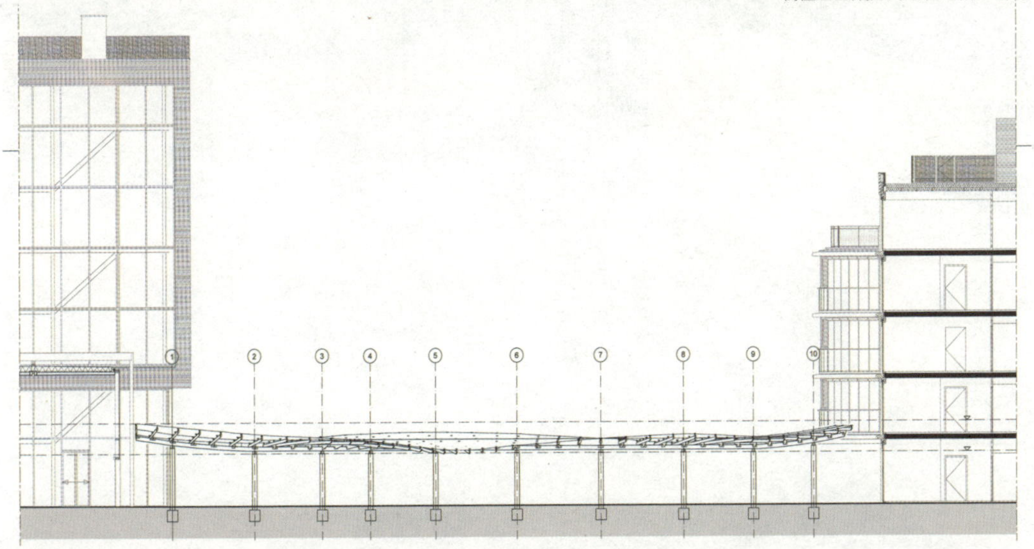

风雨走廊剖面图

从养老院的入口大厅可观望到建筑两侧的景观环境

4.17
荷兰Zoetermeer养老院景观设计

项目名称：ZOETERMEER VIVALDI CARE HOME
项目设计：Hilke Floris, Petrouschka Thumann, Elizabeth Keller
合　　作：Jacqueline van der Kloet , SEED architects
项目地点：荷兰
客　　户：Vierstroom Zorgring
建筑面积：3 000 m^2
竣工时间：2011 年
摄　　影：Pieter Kers

护理机构 Vierstroom 委托 HOSPER 设计公司为 Zoetermeer 地区的 Vivaldi 养老院设计室外公共空间和私人空间。设计的这片区域被水体环绕着，水中栽植着开花的水生植物，三面的水岸还栽植着树木。这在视觉上延伸了区域面积，同时还起到重要的生态功能。

由 SEED 设计公司设计的建筑部分，平面呈梳子状的锯齿布局，在梳子齿之间分布着花园。一条曲折蜿蜒的小径衔接起各个风格不同的花园。这些花园功能各异，要么为人们提供逗留的场所，要么只是做为一个景观元素而存在，但是却有一个共同点，那就是，每个花园都有带篷的遮阳绿地区，也都有像露台一样更为开放且光线充足的区域。刻意拓宽路径可使残障居住者无障碍地进出花园，同时也创造出非正式的驻足地点。花园的种植计划充分参考了花园设计规划咨询师 Jacqueline van der Kloet 的建议。

环绕的水体、滨水景观

入口区域

建筑的前方种植着绿草和大树，营造出一种美妙的公园氛围。位于入口区的广场设置了椅子、自行车架和便捷的交通工具。入口区域通过一个咖啡馆、餐厅和露台与花园相连，一个栽种着水生植物，并养着鱼的红色池塘，以及多个运动场，都与入口区域紧密衔接，为本项目增添活力。

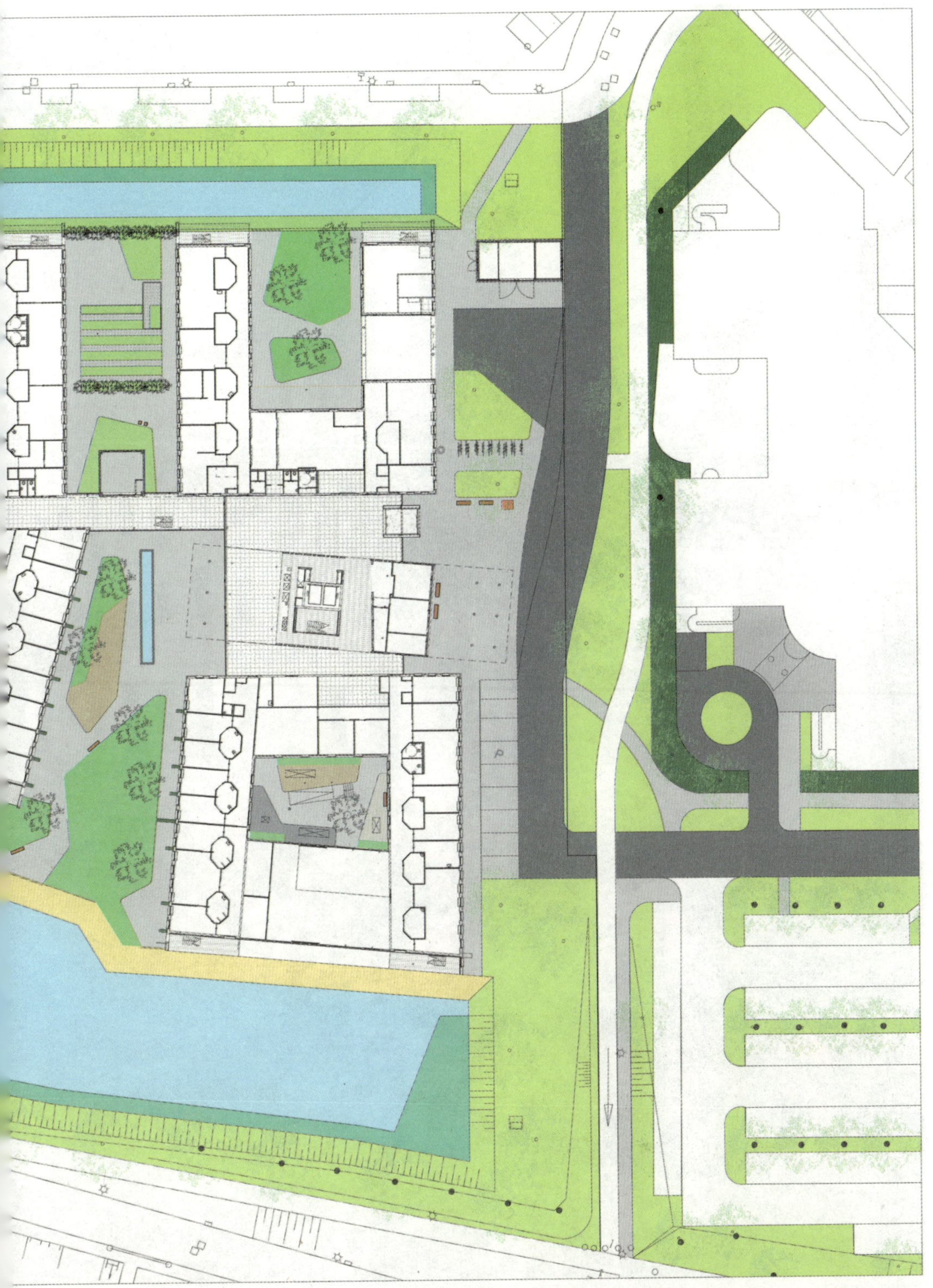

总平面图

入口处的花园营造出美妙的氛围

水景园

水景园

水景园位于建筑一侧，与建筑中轴线平行。该水景园分为两个层次，上一个层次位于地上，下面的层次通过斜坡与水面衔接在一起。在这个像沼泽一样的植物园中，一条宽阔的木板路使所有的居住者（不论是否便于出行）都可以享受亲水体验。一个喷泉将建筑、花园和周边水区整合在一起。

活动花园

HOSPER 设计了一个可加建玻璃暖房的厨房花园、鲜花采摘园，为园艺爱好者提供了活动场所。这个花园与日托中心、图书馆和中央通道近在咫尺。该花园里有花坛和菜畦，部分花坛和菜畦建得离地位置稍高，方便坐轮椅的居住者采摘。邻近理疗室的天井被设计成实践花园，其内设置健身器材，并铺设了不同种类的健身路径，所以居住者可以进行各种训练，比如在助行器的帮助下自己走路。

设计草图

观赏植物

人们在红色池塘边休闲

设置在主入口的红色池塘、花坛、木板路为老年人提供了户外交流的机会

由花坛形成的各种健身路径

梳子状三围合建筑所形成的中庭，一楼居民可直接进入

离地位置稍高的花坛，方便坐轮椅的居住者采摘

活动花园实景

参考文献

[1] 中华人民共和国民政部 . 2014 年社会服务发展统计公报 [EB/OL].（2015-06-10）[2015. 12. 15]. http://www.mca.gov.cn/article/sj/tjgb/201506/201506008324399.shtml.

[2] 中华人民共和国住房和城乡建设部 . GB 50867—2013　养老设施建筑设计规范 [S]. 北京：中国建筑工业出版社，2013.

[3] 周燕珉 . 养老地产的 15 种模式 [J]. 房地产导刊 , 2013(1):120-121.

[4] 于峰 . 浅谈养老地产的开发模式 [J]. 房地产导刊 , 2014(34).

[5] 艾克哈德・费德森 , 伊萨・吕德克，周博，等 . 全球老年住宅：建筑设计手册 [M]. 北京：中信出版社 , 2011.

[6] 日本厚生劳动省 . 介護保険制度の概要 [EB/OL].（2016. 7. 1）[2016. 7. 10]. http://www.mhlw.go.jp/stf/seisakunitsuite/bunya/hukushi_kaigo/kaigo_koureisha/gaiyo/index.html

[7] 住房和城乡建设部标准定额司 . 家庭无障碍建设指南 [M]. 北京：中国建筑工业出版社，2013.

[8] 中国老龄科学研究中心 . 中国养老机构发展研究报告 [R]. 北京 : 中国老龄科学研究中心 , 2015.